CONTENTS

- **02** SPECIAL INTERVIEW No.01 - SPECIAL CROSSTALK
  川上つよし × HIROSHI BROWN
  (東京スカパラダイスオーケストラ) (Oi-SKALL MATES / RUDE BONES)

- **08** SPECIAL INTERVIEW No.02
  THE SLACKERS

- **10** SPECIAL INTERVIEW No.03
  FISHBONE

- **12** PROGRESSIVE AUTHENTIC SKA
  現在進行形のオーセンティック・スカ

- **24** THE RESURRECTION OF SKA PUNK
  スカ・パンクの復活

- **40** SPECIAL INTERVIEW No.04
  THE TROJANS

- **42** SPECIAL INTERVIEW No.05
  KEMURI

- **45** SPECIAL INTERVIEW No.06
  LESS THAN JAKE

- **48** STUBBORN 2-TONE
  こだわりと信念を貫くゼロ年代の2トーン・スカ

- **64** LIFE SIZE ROCKSTEADY
  生活と密着した歌をつむぐロックステディ

- **78** SPECIAL INTERVIEW No.07
  MADDIE RUTHLESS

- **80** WORLD WIDE HYBRID SKA
  世界各地のビートを吸収した新しいスカ

- **96** SPECIAL FEATURE No.01
  爆発前夜の韓国スカ・シーン

- **98** SPECIAL INTERVIEW No.08
  COUNT KUTU & THE BALMERS

- **102** SPECIAL FEATURE No.03
  RICO RODRIGUEZ
  feat. 石川道久セッション

- **104** NEXT COMIN'
  これからの時代を担う気鋭若手スカ・バンドを紹介！

- **110** SPECIAL INTERVIEW No.09
  The eskargot miles

- **112** SPECIAL INTERVIEW No.10
  THE SKINTS

- **114** SPECIAL INTERVIEW No.11
  Cubetone

- **116** SPECIAL INTERVIEW No.12
  HEY-SMITH

- **118** SPECIAL FEATURE No.04
  THE SKATALITES
  The Legendary Skatalites from Jamaica, Celebrate Their 50th Anniversary

- **122** アニソンSKAに首ったけ！

- **124** SPECIAL INTERVIEW No.13
  COOL WISE MAN

- **128** SPECIAL FEATURE No.05
  SOUTH AMERICA SKA REPORT

- **130** MY PLACE, MY PLAYLIST!
  今熱いスカ・イベント、スカ・ナンバーをセレクト！

- **134** SPECIAL INTERVIEW No.14
  MIKE PARK

SPECIAL INTERVIEW Nº 01

川上つよし
(東京スカパラダイスオーケストラ)

SPECIAL CROSSTALK

今や世界を股にかけて活躍する東京スカパラダイスオーケストラの屋台骨を、25年にわたって支えてきたベーシストの川上つよし。Oi-SKALL MATESやRUDE BONESのトロンボーン奏者として活躍しながら、15年目を迎えるスカ・イベント=SKAVILLE JAPANのオーガナイザーとして、シーンを牽引してきたHIROSHI BROWN。日本の、そして海外のスカを広い視野で見つめてきた二人が語る「スカの現在」。

Interview & Text by TAKESHI MIYAUCHI (ramblin')　Photography by SHINYA AIZAWA

HIROSHI BROWN
(Oi-SKALL MATES / RUDE BONES)

✕ スカ・フェスを開催することの意義 ✕

――東京スカパラダイスオーケストラは、デビュー25周年となる2014年に〈トーキョースカジャンボリー〉を3年振りに復活させると発表しました。

川上 少しの間お休みさせてもらってたんですが、久々に開催しようと思ってます! トーキョースカジャンボリーをスタートさせることになった時、最初は〈スカ〉って縛りをどれぐらいつけるか、すごく悩んだんですよね。完全にスカだと限られちゃうし……だけど今はフェスもたくさんあるんで、そういった縛りをあえてつけたほうがいいんじゃないかなって。

――スカパラは毎年のように海外ツアーを敢行していますが、ヨーロッパなどの各国で開催されている大規模なスカ/レゲエの野外フェスも参考にされたんじゃないですか?

川上 うん、ドイツやオランダをはじめ各地でやってますよね。たとえばヨーロッパへツアーに行っても、こんなにたくさんスカ・バンドがいるんだって驚くし、その中でいいバンドがいたら呼べたらいいのになって思ってました。

――Oi-SKALL MATESも、2011年のトーキョースカジャンボリー vol.3に出演しましたよね。

川上 あの時は、すごかった〜!

ヒロシ 最初の年にも声かけてもらったんですけど、スケジュールの都合で断るしかなくて。実際に出させてもらって、ロケーションも最高だし、演ってて気分がよかった。ああいうフェスは、スカパラにしか出来ないですよ。さっき川上さんも言ってたけど、スカ縛りの野外フェスをスカパラがやるってことに意味があると思うんで。

――一方、ヒロシくんたちが1999年から開催している〈SKAVILLE JAPAN〉は、今年15周年を迎えるということで。昨年は都合でSTUDIO COASTでの開催となりましたが、ほぼ毎年、日比谷野外音楽堂で行われて、東京のシーンにしっかり根付いたスカ・フェスとなっています。

ヒロシ まあ、タイミングがよかったのと、辞めてないってだけですよ(笑)。

――いやいや、辞めないことの大変さがあるじゃないですか(笑)。

ヒロシ 大変だからってなんでもかんでも辞めちゃったら面白くないから。出来るだけ続けるほうがいいじゃないですか、イベントでもバンドでも。まあ、バンドは一度辞めちゃったけど(笑)。

――そのRUDE BONESには、また復帰しましたけどね(笑)。

ヒロシ SKAVILLE JAPANに関しては、もちろんこれまでに何度も、このまま続けるかどうしようか悩んだこともあったけど、いろんな人からの「やんなきゃ!」って声がすごく伝わって。もともと俺が一人でやってるわけじゃないんで、みんなの意見もあったし。今となっては「またやりたいな」って思うよりも、「今年もまた、その時期が来ちゃったな」って感じになってて、実際にイベントが終わったら、また「これまでやってきてよかった」って思う……その繰り返しです。

――SKAVILLE JAPANは十数年も続いてるので、毎年出演しているレギュラーのバンドもいるし、毎年来ていらっしゃってる固定のお客さんもたくさんいますが、一方で次世代のバンドもフックアップしているし、新しいお客さんも毎年来ていて、ちゃんと新陳代謝している感じがいいなと思うんです。

ヒロシ 若いバンドから「出してください!」って言われるのは嬉しくて。音源も出てないようなバンドでも、ライブを見て雰囲気良ければ出て欲しくなっちゃう。ディストーション入ってても、オーセンティックな感じでも、アコースティックでも、分け隔てなく紹介できるのも、あのイベントの強みだと思うし、あとはそれを楽しんでくれる人が来てくれるだけだから。

――次世代のバンドをフックアップするっていう部分では、トーキョースカジャンボリーにもオーディション枠がありますよね。

川上 あとは地元の中学や高校のブラスバンドにも出てもらったりね(笑)。

ヒロシ 最後のアンコール・セッションで出演者と地元の学生たちが一緒に演奏したのがよかったなー。あれ、いい経験になるよね。連絡取ってないけど、俺もステージの上で地元の子たちとすごく仲良くなったもん(笑)。

――そのステージでの経験がきっかけになってスカ・バンドを組んで、トーキョースカジャンボリーやSKAVILLE JAPANに出てくるようにでもなったら、これはもう壮大な感動ストーリーですよ!

ヒロシ スカジャンボリーに限らなくても、スカパラはずっとバンドを続けてるから、いろんな人にきっかけを与えてきてる。テレビに出たりメジャーな感じを打ち出しているバンドが、そういう部分を忘れていないのがいいと思う。

✕ 苦労して手に入れた情報こそ身に付く ✕

――スカパラも25周年を迎えるということですが、スカという縛りの中で延々と曲を作り続けてきた大変さはあると

川上　ジャマイカでスカが全盛を迎えてた期間なんて、ほんの3、4年でしょ？　そんな音楽を20年以上やり続けてるっていうのはどういうことだよって、自分たちでも思うけどね（笑）。俺らがはじめた頃は、日本のスカ・バンドといえばTHE SKA FLAMESしか知らなかったからね。

ヒロシ　日本のスカの歴史を考えると、最初に出てきたのがこの2バンドで良かったと思う。それぞれタイプが違うし、今に至っても違う道を歩き続けてるっていう意味でもね。

川上　昔のバンマスだったASA-CHANGがTHE SKA FLAMESのことが大好きだったんだよね。で、自分がスカ・バンドをやりたいって思った時に、これはどうせやるなら毛色を変えよう、フレイムスとは違う切り口でスカにアプローチしようって決めたんだ。

ヒロシ　シーンに2バンドぐらいしかいなかった時期に、そこまで考えてたのもすごいよな。

川上　それに当時は情報も少ないから、スカ自体もそれほど深くは理解できてなかったし。GAZ（MAYALL）のカセットを聴いて、初めて知る曲とかもたくさんあったね。

ヒロシ　だから、簡単に得られるわけでもない情報を入手するために苦心するから、余計に深く追究していくんだよね。今となったら海外にコンタクト取るのでも、翻訳ソフトで簡単に作った文面をメールするだけでも済んでしまうかもしれないけど、手軽に入手した情報よりも、苦労して得た情報のほうがファウンデーションとしてしっかり身に付くんだろうね。

——ヒロシくんがスカを聴くようになった当時は、どういう風に入手していったんですか？

ヒロシ　川上さんがスカを聴きはじめた頃よりは、少しは音源も情報も出回っているようにはなっていたかもしれないけど、それでもネットとかあったわけじゃないからね。当時はとにかくレコード屋かな。レコード屋に行って、入荷した新譜をチェックしたレビューを読んだり、フライヤーをまめにチェックしたりね。細かい情報でも見逃したくなかった。そういう風にするしかなかったしね。今はネットでも買えちゃうしそれも楽なんだけど、実際にわざわざ足を運ぶっていう行為が、今となってはよかったなって思うね。

的に海外ツアーするようになったのは、2000年ぐらいからかな。オイスカは海外は？

ヒロシ　ハワイだけです。最初はヨーロッパとかツアーに行きたいってことになって、実際に行程も組んでみたんだけど、みんなの都合を擦り合せていくと、結局日帰りみたいな感じになっちゃって（笑）。だったら、GO JIMMY GOがいるハワイに行こうってことになって。結局ハワイでも2泊4日ぐらいだったんだけど、それでも海外でライブするっていう経験をしたほうがいいと思ったんですよね。

——とはいえ、オイスカはツアーのために10日間空けろっていうバンドでもないですもんね。

ヒロシ　もちろん、それぞれ仕事を持っているっていうのも大きいけど、それ以前にメンバー間で強制しないバンドだから。オファーも絶対にメンバー全員でシェアして、一人でも日程的に合わなかったやらない。それは日本国内でのツアーやライヴでもそう。一方でRUDE BONESでは、レコーディングでアメリカ行かせてもらったり、国内でもツアーやって。20代で1ヶ月以上まわるツアーを経験できてよかったなって思います。スカパラのようにほとんど毎日演奏しているようなライフスタイルもいなとは思うけど、それを維持する大変さもわかるから。いずれにしろ楽なわけではないから、続けている人たちは、絶対に芯の部分は一緒だと思う。だから、そういう人たちがまわりにいて、俺は嬉しいですよ。

——結成したばかりの若いバンドもいれば、年齢を重ねても続けてるバンドもいて。いろんな世代が現役で活動しているってことが、シーン全体の成熟度を表していると思います。

川上　地方にも、長く続いてるバンドが結構いるよね。鹿児島のARTSとか、こないだメンバーのFacebookで「息子が高校卒業しました」って書いてあってビックリしたもん（笑）。

ヒロシ　あとは、仙台のTHE GHOST SYNDICATEとか、名古屋のTHE RUDE PRESSURESも長いですね。また、それぞれバンドを中心にした地元のシーンもあるじゃないすか。長くやってると、どうにかしなきゃって思う人は絶対出てくるし、逆に変なことを考えはじめたら長くは続かない。そうして出来上がってきたシーンは強いなって思いますよね。

　長く続くバンドに共通する、芯の部分　

——スカパラは、わりと活動初期から海外でライブをやってましたよね。

川上　最初の頃は、お呼ばれして行ったのがほとんどで。本格

　　　　スカにはすべてを飲み込む
　　　　　　大らかさがある

——今回、この『SKA BOOK』を作ろうってことになった時に話してたのは、ディスクガイドは今までにもいくつか

出てて、ジャマイカン・オールディーズとか過去の名盤はたくさん載ってるんだけど、現在活躍しているバンドってあんまり紹介されないよねっていう。だったら全部現役のバンドだけで一冊作ろうってことにして。

ヒロシ　そういう試みはいいと思う。しかも、それを本にして出すことで、今スカをやってる人たちにとっても励みになると思うし、川上さんがトーキョースカジャンボリーをやって、俺らもSKAVILLE JAPANをやってるけど、そういうイベントに新しいバンドを呼んで、いろんなスタイルのスカ・バンドを紹介したいっていう考えと変わらないじゃないですか。

川上　うん。それが国籍も関係なく、同時代でスカをやっているバンドを紹介するっていう意味でも有意義だと思う。ヨーロッパのスカ好きの奴なんか、すごく詳しいですよ。ドイツで会った人に「DREAMLETSを知ってるか？」って訊かれたりね（笑）。

──メキシコにも日本のスカ・マニアがいますよね。Facebookで友だち申請が来てビックリしました（笑）。

ヒロシ　スカパラもメキシコで何度かライブやってるけど、今もFacebookで「次はいつメキシコに来るんだ？」って問い合わせがしょっちゅう入るもん（笑）。

──メキシコには、スカ・バンドってたくさんいるんですか？

川上　ホーンが入ったスカ・バンドみたいな編成のバンドはたくさんいるけど、もっとミクスチャー寄りっていうか、ロックっぽいバンドが多いかな。

──たとえば特徴を感じる地域とかありますか？

川上　スペインはヘンテコなバンドがたくさんいる感じがするね。スキンヘッド寄りのバンドでLOS GRANADIANS DEL ESPACIO EXTERIORとかイイもんなー。

ヒロシ　あの人たちはビジュアルからしてカッコイイですよね。東洋人っぽいメンバーもいて。一緒にライブやったんですか？

川上　一緒にはやってないんだけど、最初にマドリッド行った時に、バンドの人がやってるお店に行って。音も遊び心があってカッコイイよね。

──ラテン圏のバンドの、適当に混ぜこんじゃうミクスチャー感覚って面白いですよね。

川上　難しいことを考えず、ノリでやっちゃう感じとかね。そういう意味では、アルゼンチンにも面白いスカ・バンドは多いね。逆に、北欧のほうはスカやってても真面目っぽいかな。

ヒロシ　そうやって国民性とか地域性が表れてるのが面白いですよね。

──もちろんジャマイカのオリジナル・スカには敬意を持ちつつ、それぞれの地域性や肌感覚が表出しているのが、聴いてる側としては面白いところで。

ヒロシ　しょうがないよね、ジャマイカンじゃないし（笑）。いつも言ってることだけど、たとえば2トーン・スカは大好きだけど、あの時代のロンドンに生きていなければどうしても理解しきれない部分もある。だけど、内容は違えど、今の日本人の立場から2トーン・スカを捉えてみて生まれた歌詞やサウンドでもいいわけだからね。やっぱりいいところは取ったほうがいいと思うし、いいところは知らなきゃいけない。逆に言えば、今の時代に、地域ごとに気にしなくちゃいけない問題もあるじゃないですか。

川上　スペインでツアーした時、俺らが行ってる間にバスクのテロがあったからね。同じ国の中でそういうことが起こってるっていう現実もある。バルセロナに行った時、スペインは最大の敵だから「スペインの皆さん、こんにちは」とか絶対に言っちゃいけないって釘を刺されましたね。谷中ががんばってカタルーニャ語でMCしたら、次の朝、地方紙に「スカパラはスペイン大統領よりカタルーニャ語が上手だった」って書かれてた（笑）。

ヒロシ　それ、いい話だなあ（笑）。

──一方で、その国や地域が持ってる歴史や思想も、スカのリズムで飛び越えてつながることができるっていう側面もありますよね。

ヒロシ　いろんな考えがあって、それをすべて飲み込む大らかさがあるんだろうね。でも、スカやレゲエの昔の映像やライブ音源も残ってるけど、着てる服は違ったり、人数が違ったりするだけで、基本的なところは変わってないと思う。そこにその時代ごとの風や地域の色とか、いろんな面白い要素がスカの中には入ってくるから、いつまでも新鮮なんじゃないかな。

──ある意味、裏打ちのリズムは最大公約数というか。

ヒロシ　SKAVILLE JAPANを最初にやった年にコンピレーションを出したんだけど、作る前はオーセンティックっぽいのでまとめた方がいいかなとか、いろいろ考えたんです。だけど結局は今の人が作ってるスカなんだから、どんなスタイルが入っててもいいじゃんって。タイミングよく、面白いバンドもたくさんいたしね。俺なんか、オリジナル・スカの知らない曲も、いまだにたくさんあると思うし、逆に現在進行形のバンドについても知らないことも多いし。

──それに長く続いているバンドも、年齢を経ることで、やってることや興味も変化していくでしょうからね。

ヒロシ　だから俺は、スカパラが年寄りになってもピンクのスーツ着て演奏してて欲しいんです。そういう想いは、自分たちのバンドにもいっぱい当てはまるし、他のバンドがやってることにも当てはめちゃうし。

川上　まあ結局、変わらないところは変わらないからね（笑）。

東京スカパラダイスオーケストラ
『流れゆく世界の中で feat. MONGOL800』
cutting edge/JUSTA RECORD（2014年3月12日発売）

川上つよし
1989年、東京スカパラダイスオーケストラのベース奏者としてデビュー。並行して自らバンマスを務める、川上つよしと彼のムードメイカーズでも活躍中。2014年8月9日には〈第4回トーキョースカジャンボリー〉の開催が決定。

www.tokyoska.net

RUDE BONES
『Now Won't Come Again』
Ska In The World (SIWI219)

HIROSHI BROWN
Oi-SKALL MATES、RUDE BONESのトロンボーン奏者として活躍。今年15年目を迎えるスカ・イベント〈SKAVILLE JAPAN〉のオーガナイザーも務めている。今春、RUDE BONESのニュー・アルバム発売が決定している。

maddieruthless.wordpress.com

SPECIAL INTERVIEW N°02

THE SLACKERS

結成23年目を迎えた現在も年間200本ものライブを世界中で行い走り続ける、ニューヨークのTHE SLACKERS。最近ではハンド・メイドで7インチ・シングルを作成するなど様々な新しい取り組みを行っており、ますます楽しみな彼ら。今回は、ワールド・スカ・シーンを代表するボーカルの一人であるVIC RUGGIEROに話を聞いた。

Interview & Text by SKA IN THE WORLD

——ここ数年、THE SLACKERSとしての作品はもちろん、VICをはじめメンバー個々の作品も立て続けにリリースされるなど、とても精力的な活動を展開されています。

ときどき、俺たちの曲を歌いたくないときがあるんだ。その曲を書いた時の自分と今探してるものが違ったりするからね。でも過去の曲を歌わなければならないことはわかってる。自分自身はいつも変化していってるけどね。そんな時、"くそう…俺は一体何を歌っているんだ？ 新しい祈りを込め、魔法をかけたものをつくらなきゃ"って思うからだろうね。

——THE SLACKERSのライブを拝見すると、Staxのソウル・レビューのようなエンタテインメント性も感じられて、その音楽の根本には、60年代70年代のリズム＆ブルースの匂いが色濃く感じられます。VIC自身、そういった黒人音楽からの影響はどのようにTHE SLACKERSの音楽に反映されていると思いますか？

まあ、ブルース・サウンドっていうのはすべてのロックンロールの源だから。そして俺にとってそういった音楽は全部ロックンロールだからだよ。

——VICがスカの魅力にハマりはじめたきっかけは？ また、スカはTHE SLACKERSの音楽を構築していくうえで、どのような位置にありますか？

スカは50年代60年代の音楽に似てる…でもパンクとアンダーグラウンド・キッズ達はそれを聴いていた。あぁ！ "これなら俺にもできる！"って思った。スカの音楽でダンスもできるし、それに女の子のファンもいるしね！

——VICのオールタイム・フェイヴァリットなスカ・チューンを3曲あげるとすると、どの曲になるでしょう？

MONTY MORRISの「Penny Reel」、LOUIS PRIMAの「Just A Gigolo」、あ とFATS DOMINOのたくさんの曲！

——THE SLACKERSとしても来日公演も何度かされていますが、ご自身で触れてみての日本のスカ・シーンの印象は？ また、日本のスカ・バンドで気になるバンドはいますか？

日本のバンドで俺が知ってるのはOi-SKALL MATESとTHE SKA FLAMESと東京スカパラダイスオーケストラ。3バンドとも好きだし、どのバンドもとっても違ったスタイルだよね。あとは、RUDE BONESも覚えてるよ。全バンドともTHE SLACKERSとはサウンドが大分違うけどね。日本人はスカとレゲエが大好きだよね！ もしブルー・ハーツが2トーン・スカみたいな曲をやったら…最高だろうね。そうだ、真心ブラザーズがいた。彼らは俺のスタイルに合うね！

――今回出版する「SKA BOOK」は、日本を中心に世界各地の現役で活躍するスカ・バンドを広く紹介する内容となっています。1950年代にジャマイカで生まれた音楽が、そのジャマイカではメイン・ストリームからとうの昔に外れているにも関わらず、世界各地でスカ・バンドが活動しています。スカ・ミュージックが、今もなお愛される理由はどんなところにあると思いますか？

スカは特別なものでそれを見つけた（聴きだした）人は、全員にとって新しいものとなる。素晴らしいものには時間制限や賞味期限がないってことの証だね。良いものは常に良いってことだよ。

――ツアー・バンドとして世界中でライブを行っていて、世界各国のスカ・バンドと共演する機会も多いかと思いますが、VIC自身が注目するバンドがいたり、スカ・シーンが盛り上がっているなと実感する地域などはありますか？ また各地の違いなど感じる部分があれば教えてください。

今、ニューヨークには若くて良いバンドが数バンドいて、彼らはスカとレゲエを違った場所にもっていくことに興味を持っていて、素晴らしいことだよね！ ベルギーのTHE MOON INVADERSとTHE CAROLOREGIANSも好きだ。イギリスはレゲエをアレンジしてそれをポップ・ミュージックに入れ込むということをいつもしているし、それも良い方法だね。それからテキサスのTHE BANDULUSやRYAN SCROGGINSは違った形でこの音楽を捉えている。ロサンジェルスもまたとても特別な場所だね。スカを奥深く学んでいるすばらしいミュージシャンがたくさんいる。

――この本は、これからスカを盛り上げていくミュージシャンやDJ、そしてリスナーも多く読んでいます。そんな彼らに向かって一言お願いします。

うーん、俺たちはなんか不思議な音楽を演奏してるからなぁ。すごく楽しいものだけど、同時に深くて感情的でもある…悲しみや怒りのようにね。ときどき誰もそれを理解できてないような気がするときがある…みんながその音楽の本当の意味ではない何かだと思い込んでると感じるんだ。

このジャマイカのビートとスタイルは、ブルースとロックンロールをひねったような特別な魔法をもっている。もし、MUDDY WATERSがU-ROYを聴いたら、彼はすぐにその音楽を同じように理解するだろう。BOB DYLANはDERRICK MORGANを彼のラジオ番組でかける。残念なのは人々がそれを馬鹿で間抜けな音楽って思っていることだ。たまにロックンロールやパンクだって間抜けなものになるのに、人はそれを物悲しくて美しいものだって思えたりする。

すべてのスカやレゲエのビートで一番良いことは、人々の体を動かすことができるっていうこと。そして人々が動いて踊るとき、いろいろなことが起こり得るんだ。

THE SLACKERS
『My Bed Is A Boat』
(Ska In The World / SIWI217)

THE SLACKERS

1991年にアメリカ・ニューヨークで結成されたスカ・バンド。96年にファースト・フル・アルバム『Better Late Than Never』を発表。翌97年にはRANCIDのTIM ARMSTRONGが主宰するレーベル"Hellcat Records"よりセカンド・アルバム『Redlight』をリリースし、日本でも話題になった。スカのみならず、レゲエ、ジャズ、ソウル、ロックなどを融合させたオリジナリティに富んだサウンドが特徴。ニューヨーク・スカ・シーンを牽引する存在として人気を集めている。

theslackers.com

SPECIAL INTERVIEW N° 03

FISHBONE

Interview & Text by SKA IN THE WORLD

レゲエ、パンク・ロック、ファンク等の様々な音楽を取り入れ、世界中の数多くのアーティストに影響を与え、2010年の"フジロックフェスティバル"、11年の"トーキョースカジャンボリー"、13年の"頂2013"等の来日公演も行い数多くのオーディエンスを魅了してきたFISHBONE。ボーカル&テルミンを担当しているANGELO MOOREに語ってもらった。

――FISHBONE 来日公演は、素晴らしいステージで心の底から感動しました。複雑な構成にも関わらず、とても自由な感じがしたのは、きっとツアー・バンドとしての積み重ねによるものだと思いました。FISHBONEとしての活動ももうすぐ30年を迎えますが、フレッシュであり続ける秘訣は、どんなところにあるのでしょう?

　長い間夢が現実になることを待ち望んで、夢を果たそうとする意思、未だに果たせない部分の夢を果たそうとすること、そしてそれを果たすことが神の意思ならばその意思を果たそうとすること。夢を現実にしようとすることだね。

――アンジェロの音楽的ルーツにスカの存在も大きいと思いますが、スカの魅力に気付きはじめたきっかけはどんなところからでしょうか?

　スカ・ミュージックはソウル&ジャズなんだよ。ソウル&ジャズは俺にとって音楽の財産。17歳のときに俺はイギリスのスカに出会ったんだ、そして19歳のときにジャマイカのスカに出会った。そしてこれが手に手をとって歩き始めたというわけさ。

――アンジェロの オールタイム・フェイヴァリットなスカ・チューンを3曲あげるとすると、どの曲になるでしょう?

THE SELECTER -「Too Much Pressure」
BAD MANNERS -「Black Night」
東京スカパラダイスオーケストラ –「Put On

Fresh Sex」

——FISHBONEの音楽性の中に、スカの影響を取り入れようとする時に、一番気に掛けているところはどんな部分でしょうか？

スカの影響を取り入れようとするにはギターがアップ・ビートで、オルガンも同じようにアップ・ビートであることだね。それからはじけるような要素を取り入れるようにもしている。

——トーキョースカジャンボリーでも共演した東京スカパラダイスオーケストラとは、「All Good Ska Is One」という楽曲でもコラボしていますが、そのコラボの印象と、スカパラというバンドについてはどのような評価を持っていますか？ また、日本スカ・シーンで気になるバンドは他にいますか？

何年間も離れ離れのアフロ・アメリカンの血を分けた兄弟を、自分達の力に加えるために、東京スカパラダイスオーケストラは僕たちを招待して、彼らの自然なスタイルでやっとその失われたリンクをつなぎ合わせることができた、そんな感じがしたね。なくなっていたピースが見つかってパズルが完成したときのように、彼らにしっくりはまったよ。

それから、映画『アニマル・ハウス』のパーティー・ライフ・スタイルを代表するようなバンド、Oi-SKALL MATESも好きだね。他にもいろいろ好きなバンドがいるよ、SADZはそのひとつだね。あとクレイジーキャッツ、トニー 谷、REI MASTROGIOVANNI TRIOなんかも好きなんだ。

——世界各地でスカ・バンドが活動しています。スカ・ミュージックが、今もなお愛される理由はどんなところにあると思いますか？

スカが愛され続ける理由は良いダンス・ミュージックってことだね。さらにスカはレゲエとロックとジャズをつなげられるダンス・ミュージックだからだ。

——世界各国のスカ・バンドと共演する機会も多いアンジェロが注目するバンドや、スカ・シーンが盛り上がっているなと実感する地域などはありますか？

俺が注目しているバンドはTHE SKELETONESとTHE SCOTCH BONNETS、それからNEW YORK SKA-JAZZ ENSAMBLE。だけど、ほとんどの所は同じ音楽のスタイルで違う言語ということだね。

——本書を読んでいる日本のスカ・ファン向かって一言お願いします。

情熱的な声（言葉）を夢の実現として本当のものにするために、今君がやっていることをやり続けろ。試練に君の賞賛や、成し遂げてきたことを押さえつけられないようにしろよ。なぜならそれらは素晴らしいことなんだから。

あとFISHBONEの新譜『Crazy Glue』、DR. MADD VIBEの『The Angelo Show』を買って、それから「Year Of The Dragon」、「Trulio Discracious」、「Hunter Green」を君たちの音楽リストにいれろよ。正直でいろ！　Peace!!!

FISHBONE
『Crazy Glue』
(DC-Jam Records / DCJ00048)

fishbone.net

PROGRESSIVE AUTHENTIC SKA

現在進行形のオーセンティック・スカ

THE SKATALITES
『Ska Authentic』

U.S.A.

Studio One / SOCD00907 / CD

スカというものをTHE SPECIALSくらいしか知らなかった時に、THE SKATALITESと出会った衝撃。"極上で極悪"、"刺激的でスウィート"。とにかくなんだかよくわからない感覚だった。その後、貪るようにTHE SKATALITESを聴いて出会ったのが、すべてのスカの始まりと言っても過言ではないこの1枚。スカが生まれ、2トーンができ、サード・ウェーブが登場し、ここ日本でスカが聴けて踊れて、この『SKA BOOK』が発売されるのもすべて彼らがいたからこそ。結成50周年を迎えた今も輝きを放ち続けているTHE SKATALITES。今も世界のどこかで僕と同じ衝撃を受けている人がいるだろう。

(BOBO - CLUB SKA / UP&UP)

THE SKA FLAMES
『Realstep』

JAPAN

SUNSHOT / DLSS-2001 / CD

日本のスカ・バンドの中で、もっとも長い歴史を誇るTHE SKA FLAMES。10年ぶり4作目のアルバムとして、2005年に発表されたのが、この『Realstep』だ。前作『Damn Good』は、LAUREL AITKENなどのレジェンドを迎えた華やかな内容だったが、本作はメンバー 11人のみでストイックに制作。練習のためにいつも集まるスタジオにヴィンテージの機材を持ち込み、一発録りでレコーディングした。オリジナル・スカが生まれた当時の勢いを再現しながら、今の時代に流れる他の音楽にも負けない音圧と迫力を目指した結果だという。現在の日本でしか生まれない、まさしくリアルなスカだ。

(宮内 健 / ramblin')

JUMP WITH JOEY
『Swingin' Ska Goes South of the Border』

U.S.A.

Will Records / WIL 33662 / CD

JOEY ALTRUDA と WILLIE McNEIL を中心に結成された。ロスアンジェルスのスカ・バンド。後に西海岸シーンで活躍する多くのバンドに影響を与えたのはもちろん、90年代半ばに"Ska Explosion"などで来日したこともあって、日本のバンドに与えた衝撃も大きい。本作は1999年にリリースされた、4枚目のアルバム。オリジナル・スカに敬意を払いながらも、ラテンやスウィング・ジャズなど、多様なダンス音楽をゴッタ煮にしたサウンドが魅力だ。中心人物のJOEYはJOEY ALTRUDA & CRUCIAL RIDDIMSやWESTERN STANDARD TIMEなど、現在もスカ・シーンで活躍。また、WILLIEは、BIG WILLIE'S BURLESQUEで日本でも活躍が知られるほか、ジャズやラテンのユニットを並行して展開している。

(宮内 健 / ramblin')

BLUE BEAT PLAYERS
『All In The Same Bag - High Numbers -』

JAPAN

Ska In The World / SIWI149 / CD

日本のスカ・シーンにおいて、実はこのバンドが与えた影響はかなり大きい。ザ・ヘア〜東京スカパラダイスオーケストラと渡り歩いたマーク林（林雅之）が、サックスを持ち、1990年代半ばより始動させた、BLUE BEAT PLAYERS。サックスとトランペットの2管がフロントに立つ、ジャズ・コンボのようにソリッドな編成は、スカ創成期のスタイルを蘇らせながら、スカという音楽が持つ自由な創造性をあらためて示した。2003年に一度解散しているが、このベスト盤がリリースされた直後の2011年から再始動している。ギターTAIKI.Nが歌う「Grinnin'」は、国産ルーツ・レゲエにおける大名曲。

(宮内 健 / ramblin')

NEW YORK SKA-JAZZ ENSEMBLE
『Double Edge』
U.S.A.

ニューヨークで長く活動を続けるROCK STEDAY FREDDIEことFREDDIE REITER率いる重鎮バンド、NEW YORK SKA-JAZZ ENSEMBLEの2011年リリースのアルバム。ジャジーなオーセンティック・サウンドにアップ・テンポなスパイスを加え、新たな一面を見せたオススメ盤。

Brixton Records / BR033 / CD　　　　　　　　　　　(Ska In The World)

THE SLACKERS
『The Great Rock Steady Swindle』
U.S.A.

日本でもお馴染み、ニューヨークのTHE SLACKERSが2011年にリリースしたオリジナル・アルバム。グルーヴィーなレゲエ&ロックステディを軸に、スパイスとしてロックやスカをミックスさせたジャマイカン・ロックンロール・サウンドの最高傑作！ VICの心地良いヴォーカルが特徴の名曲「Because」、「Sabina」。初めての試みとしてツイスティーな曲に仕上げた「Mr. Tragedy」、アップ・テンポのスカ・ナンバーの「The Same Everyday」などグルーヴィーな新曲を15曲収録。

Ska In The World / SIWI131 / CD　　　　　　　　　　(Disk Union)

WESTERN STANDARD TIME
『Big Band Tribute To The SKATALITES』
U.S.A.

ロサンゼルスの伝説のバンドJUMP WITH JOEYのJOEY ALTRUDA等が中心となり、HEPCAT、BRIAN SETZER ORCHESTRA、THE AGGROLITES、SEE SPOTなどのロサンゼルス・オールスターズ的なメンバーを集め長年の夢であったビッグ・バンドを結成！ 彼らが敬愛する結成40周年を目前に控えたTHE SKATALITESのカヴァー・アルバムが完成！ ビッグ・サウンドで録音したテクニック溢れるジャジーなサウンドが収録されたお勧めの一枚!!

Ska In The World / SIWI212 / CD　　　　　　　　　　(Disk Union)

DAVE HILLYARD
『California』
U.S.A.

THE SLACKERSのDAVE HILLYARDが20年以上にもわたる彼のキャリアを詰め込んだ名作。ジャジーなオーセンティック／スカを基本にR&B、アフロ・ビートなど様々な楽曲を聞くことが出来る2013年話題の1枚。THE AGGROLITES、HEPCAT等のメンバーがゲストで参加している。

Ska In The World / SIWI209 / CD　　　　　　　　　　(Ska In The World)

THE FUNDAMENTALS
『Get Alright』

CANADA

2008年に結成した男女ツイン・ボーカルでソウルフルで心地良い60年代のジャマイカン・チューンをプレイしている2013年リリースのデビュー・アルバム。ダイナミックなホーンも特徴でHEPCATやTHE SLACKERSファンにお勧めのアルバム。カナダの伝説のバンド！ KING APPARATUSやTHE KINGPINSで活躍したMITCH "KING KONG" GIRIOがプロデュースしている。

Stomp Records / STMP097 / CD   (Ska In The World)

MISS MEGOO AND THE YAHMAN ALL-STARS
『What A Wonderful World』

U.K.

THE TOP CATS、THE TROJANS等のサックス奏者として活躍するMISS MEGUのソロ・デビュー作！ A面にはRICO RODRIGUEZをフィーチャーした「What A Wonderful World」を収録。その他にもDERICK MORGANやEDDIE "TAN TAN" THORNTONなど彼女の人脈を最大に活かしたゲスト・ミュージシャンをフィーチャーした超限定10インチ。

Self / - / 10in   (Disk Union)

PHOENIX CITY ALL-STARS
『Skatisfaction』

U.K.

イギリスのPAMA INTERNATIONALのメンバーが中心となり、THE SIDEWALK DOCTORS、KASABIAN (!)、DUB VENDOR ALL STARSのメンバーなどが集まって結成されたPHOENIX CITY ALL-STARS。今作はなんと、大胆にもロック史における不朽の大名盤であるTHE ROLLING STONESの『Satisfaction』を全てスカ、ロックステディ、レゲエにクラブ・ヒッツ確定の極上アレンジ！

Ghost Shot & Scorcher / SCORCHER2 / CD   (Ska In The World)

THE SENIOR ALLSTARS
『Hazard』

GERMANY

Grover RecordsよりDR.RING.DINGと7枚のアルバムをリリースした事で知られているドイツのTHE SENIOR ALLSTARSの2011年リリースの最新アルバム。DR.RING.DINGの他にDOREEN SHEFFERやLORD TANAMO等のバック・バンドも務めている彼らの、テクニック溢れた極上のジャマイカン・ジャズ収録のオススメ盤！

Liquidator / LQ037 / CD   (Ska In The World)

TOMMY TORNADO
『Cool Down』

GERMANY

RUDE RICH & THE HIGH NOTESのサックス奏者で、東京スカパラダイスオーケストラ主催のトーキョースカジャンボリーでも来日した、TOMMY TORNADOのソロ・アルバム。ALTON ELLISやU BROWNのバック・バンドも務めた彼の音楽のルーツといえるジャマイカン・スカ・ジャズ・サウンドを収録！ 初期Studio Oneファンにお勧めのアルバム。

Self / TT003 / CD   (Ska In The World)

BOSS CAPONE
『Another 15 Dance Floor Crashers』

NETHERLANDS

オランダのTHE UPSESSIONSのメンバーが活動休止中の2012年12月に結成した、BOSS CAPONEのデビュー・アルバム。結成当初はTHE SKATALITESにインスパイアされたオーセンティック・サウンドをプレイしていたが、今作にはTHE UPSESSIONSのようなアーリー・レゲエ・サウンドも収録されている。メンバーには、MR.REVIEWやMARK FOGGOのメンバーも在籍しているのでネオ・スカ・ファンにもおススメである。

Grover Records / GRO LP 120 / LP   (Ska In The World)

JIM MURPLE MEMORIAL
『À La Recherche D'un Son Perdu』

FRANCE

日本でもお馴染みのフランスのスカ女王と呼ばれる、JMMの2011年リリース作。スカはもちろん、その根源であるスウィング、リズム&ブルース、ジャズへの愛情をたっぷり込めたグレート・アルバム。自分達のリハーサル・スタジオで、4トラックのテープ・レコーダーのアナログ機材で録音するというこだわりを見せ、まるで当時の彼の地で録音されたかのような素晴らしいジャマイカン・サウンドに仕上がっている。

Ska In The World / SIWI137 / CD   (Ska In The World)

TRAIN'S TONE
『Birth Of Hope』

FRANCE

ジャジーでスウィンギンな心地良いサウンドをプレイするTRAIN'S TONEの14曲収録の2007年リリースのアルバム。当時のフランス・シーンで数多く存在した女性ボーカル・スタイルのバンドではあったが、テクニックに溢れたバラエティに富んだサウンドでJIM MURPLE MEMORIALと共に頭一つ抜け出ている人気バンド。

Ska In The World / SIWI82 / CD   (Ska In The World)

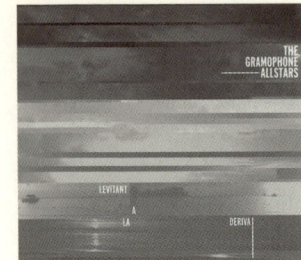

THE GRAMOPHONE ALLSTARS
『Levitant A La Deriva』

SPAIN

スペインのジャマイカン・ミュージック・シーンで最も注目されているTHE GRAMOPHONE ALLSTARSの2011年リリースのサード・アルバム。2008年結成以来、毎年アルバムをリリースしている彼らのサウンドはTHE SKATALITESに影響を受けたオーセンティック・サウンド。時折見せるラテン、カリビアン・サウンドも新鮮な今後要注目バンド！

Liquidator / LQ051 / CD　　　　　　　　　　　　　　　　　　　(Ska In The World)

ROOT DIAMOONS
『Tot Al Seu Temps』

SPAIN

RICO RODRIGUEZのバック・バンドを務めた事もある、スペインはバルセロナのガールズ・ボーカル・スカ・バンド、ROOT DIAMOONSの2012年リリースのアルバム。キュートなボーカルBERTA GRATACÒSがスタンダードやソウル、アダルト・テイストなジャズ・ボーカルまでを自在かつ巧みに歌い上げている。もちろん肝心の演奏も、アップ・テンポなスカ・ナンバーから、ノーザン・ソウル、ジャマイカン・ジャズ、スウィング、ロックステディにレゲエまで、実に洗練されたサウンドを構築している。

Brixton Records / BR036 / CD　　　　　　　　　　　　　　　　　(Disk Union)

THE OLDIANS
『Wondering Souls』

SPAIN

女性ボーカルでスカ・ジャズを基本にロックステディをミックスさせた独自のサウンドをプレイするスペインのTHE OLDIANSの2012年リリースのサード・アルバム。ムーディーな女性ボーカルが特徴でJIM MURPLE MEMORIAL、THE PEPPER POTSが好きな方にお勧めのバンド。

Liquidator / LQ1004 / CD　　　　　　　　　　　　　　　　　　(Ska In The World)

SOWETO
『You Give Me Fever』

SPAIN

3枚のアルバムをリリースしている、スペインで人気の60年代のジャマイカン・サウンドをプレイするSOWETO。ここでは2008年にリリースした彼らのベスト・アルバムと言える、ファースト・アルバムを取り上げました。60年代のアナログ感を再現した極上のジャマイカン・チューン収録のマスト・アイテム。

Brixton Records / BR027 / CD　　　　　　　　　　　　　　　　　(Ska In The World)

SMOOTH BEANS
『At Low Fyah!』

SPAIN

スペインのジャマイカン・ミュージック・シーンで人気急上昇中の注目バンド、SMOOTH BEANSの2010年リリースのデビュー・アルバム。THE SLACKERSやWESTBOUND TRAINファンにオススメなソウルフルなジャマイカン・サウンドが収録。現在も一年中ツアーを続けている人気バンド。

Liquidator / LQ045 / CD　　　　　　　　　　　　　　(Ska In The World)

DANIEL FLORES & THE RUMBA BOX
『Todo Hombre Es Una Isla』

ARGENTINA

アルゼンチンのSATÉLITE KINGSTONの中心メンバーである、DANIEL FLORESのソロ・プロジェクト。ブラジル、サンフランシスコ等、4カ国でレコーディングを行い、様々なアーティストの協力によって作り上げられた心地良いオーセンティック・ジャマイカン・サウンドが収録されている。VICTOR RICEがベース奏者＆アドバイザーを務めているオススメの一枚！

Liquidator / LQ053 / CD　　　　　　　　　　　　　　(Ska In The World)

SATÉLITE KINGSTON
『Mensajes』

ARGENTINA

ブエノスアイレスを本拠地に1997年から活動するオーセンティック・スカの大所帯バンドの未発表音源やカヴァー曲を収録したコンピレーション。クラシカルな60年代のジャマイカン・スタイルで、チャーリー・パーカー、ガーシュイン、THE BEATLES、バート・バカラック等をカヴァーした楽曲も収録。

Scatter Records / 017 / CD　　　　　　　　　　　　(Shochang / BABYLONiX)

PATKELLY with THE MOON INVADERS
『Your Love』

JAMAICA

TECHNIQUESのボーカルを務めた伝説の女性ジャマイカン・シンガー、PAT KELLYが、バック・バンドにベルギーのTHE MOON INVADERSを引きつれた限定7インチ・シングル。インストのダブ・バージョンも含む心地良いソウルフルなトラックを収録。ヨーロッパで活躍するTHE MOON INVADERSのタイトな演奏がPAT KELLYのボーカルをさらに引き立たせているのが印象的である。

Grover Records / GRO-SP07 / 7inch　　　　　　　　(Ska In The World)

THE SUPER GLASSES SKA ENSEMBLE
『Dancing Mood』

THAILAND

タイというお国柄そのもので、徹底的にゆるーく、そして突き抜けて明るいスカ・バンド。このアルバムは捨て曲なしの好盤でタイトルどおりのムード満点。ラテン・パーカッションで熱く踊らせる曲や、甘い歌を聴かせるロックステディまで。どの曲もアンサンブル完璧。タイ語の歌もたまりません。ライブのノリも素晴らしく、ボーカルのパフォーマンスも楽しい。早く来日してほしい！

Thanason Srichum / - / CD　　　　　　　　　　　　　　　　　　　　（大前 歩）

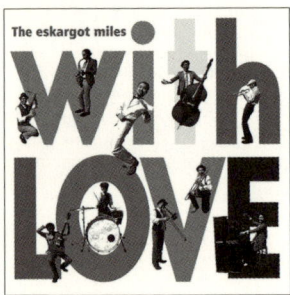

The eskargot miles
『with LOVE』

JAPAN

今やシーンを牽引する存在となっている彼らの、結成10周年の2012年に発表されたサード・アルバム。7インチが即完した「Tour Of Jamaica」（マイティ・スパロウ カヴァー）は、スカ界隈を飛び越え、広いリスナー層に行き渡るキラー・チューンとなった。「Minnie The Moocher」カヴァーや、初の日本語詞「君と笑えば」など、聴きどころ満載。

Galactic / GLCD-0031 / CD　　　　　　　　　　　　　　　　（宮内 健 / ramblin'）

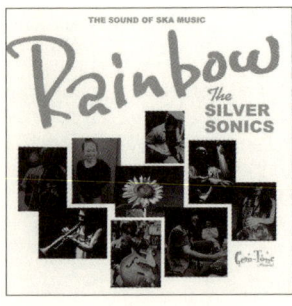

THE SILVER SONICS
『Rainbow』

JAPAN

1994年夏に結成以来、埼玉・熊谷を中心に活動するオーセンティック・スカ・バンド、THE SILVER SONICSの2006年リリースのアルバム。ストレートなオーセンティックなサウンドはそのままに、歌モノからLEE PERRYの「Cook Book」のカヴァーなど、バリエーションに富んだナンバーを全12曲収録。

Positive Productions / HMS-0058 / CD　　　　　　　　　　　　　　（Disk Union）

THE JAPONICANS
『Pray For A Happy Life』

JAPAN

東京で精力的に活動を続けるTHE JAPONICANSの2007年リリースのセカンド・アルバム。ファンキー・レゲエ、カリプソ、ロックステディーにラヴァーズ・ロックのナンバーに加え、彼らの真骨頂、歌モノ・スカまで、前作以上に明るく、元気で、楽しくも、ちょいと切ない、夏の終わりにピッタリなアルバム。

File Records / FRCD-164 / CD　　　　　　　　　　　　　　　　　　（Disk Union）

COOL WISE MAN
『Yabadee Yabadah』
JAPAN

今、日本でもっとも信頼をおけるスカ・バンドといえよう、COOL WISE MAN。結成20周年を迎える2013年に発表された、5作目となるオリジナル・アルバム。共演を重ね深い絆で結ばれたEDDIE "TANTAN" THORNTONが4曲に参加。7インチとしてすでにリリースされている「Mt. Fuji」は2010年にTANTANとともに朝霧JAMに出演した時に披露され、今やライブの定番曲として愛されている。ひりついた肌触りとロマンチックな音像を浮かび上がらせる、内田直之の録音もまた冴え渡る。ここ数年のライブの充実ぶりをありのままにパッケージした一枚だ。

Galactic / GLCD-0034 / CD　　　　　　　　　　　　　　（宮内 健 / ramblin'）

THE DROPS
『Fabulous!』
JAPAN

Blue Beat Girl Group、The DROPSの5曲収録のミニ・アルバム！ ガールズ・バンドの名曲「Stop, Look and Listen」(THE CHIFFONS)やインスト・キラー・チューンの「HOLE - Guitar Girl au Go Go」等5曲収録のマスト・アイテム！ 2014年3月には待望のセカンド・アルバムのリリースも予定している。

Ska In The World / SIWI152 / CD　　　　　　　　　　　（Disk Union）

SKA☆ROCKETS
『Japaica』
JAPAN

福岡を拠点に長年活動を続けるSKA☆ROCKETSの2008年リリースのアルバム。タイトル通り、ジャマイカン・ミュージックmeetsジャパニーズ・ミュージックな内容の心暖まる内容のオススメ盤。現在も精力的に活動を続ける彼らの新作が待ち遠しい。

IFF Recordings / IFFUK 007 / CD　　　　　　　　　　（Disk Union）

MAJESTICS
『Leaps In'』
JAPAN

結成10周年を迎えた、沖縄のMAJESTICSの2009年にリリースしたミニ・アルバム。ロックステディやカリプソなど古き良き時代を思わせる南国ムードたっぷりな8曲入りの素晴らしい作品！ まさにOldies but Goodies！

Swing Dragon / SDC1001 / CD　　　　　　　　　　　（Disk Union）

THE RUDE PRESSURES
『Intensified.』
JAPAN

1990年から活動を続ける名古屋のTHE RUDE PRESSURESの2009年リリースのアルバム。数多くのスカ・レジェンドたちとの共演など、ジャマイカン・ミュージックを敬愛する彼らのラフで、タフで、クールなバンド・サウンドが収録されたマスト・アルバム。

Diwphalanx / PX167 / CD   (Disk Union)

THE SIDEBURNS
『Tuff Road』
JAPAN

静岡を拠点に活動する、"FUJIYAMA AUTHENTIC SKA"バンド、THE SIDEBURNSの3枚目のアルバム。プロデュースには、ex. MUTE BEAT、ex. KEMURIなどレゲエ／スカ・シーンを渡り歩いてきた増井氏を起用している。構想から約1年かけて作り上げた、スカへの愛情がたっぷり詰まった極上のオーセンティック・サウンドが収録されている。

Diwphalanx / PX83 / CD   (Disk Union)

BRAVE LION
『Law Of The Jungle』
JAPAN

2006年にリリースした7インチ・シングル『Volcano』が即完売して話題になった、東京を拠点にジャマイカン・ミュージックを追及し続けるBRAVE LIONの6曲収録のファースト・ミニ・アルバム。DIANA ROSSの「It's My House」、ALTON ELLISの「I'm Just A Guy」等のカヴァーから、鍵盤の音色が印象的な「Law Of The Jungle」などキラー・チューン満載のオススメ盤。

Pheasant / SSP5001 / CD   (宮内 健 / ramblin')

THE LITTLE ELEPHANT
『Second Fruits』
JAPAN

山口県岩国市で1997年に結成され、マイペースな活動を続けるオーセンティック・スカ・バンド。本作は2006年にリリースのセカンド・アルバム。やさしくあたたかみのあるアンサンブルは、バンドの持ち味と言えるだろう。地元を走るSLやまぐち号をモチーフにした「C-571」など、郷土愛を窺わせるナンバーも。

RD Records / RDR-1049 / CD   (宮内 健 / ramblin')

mule train
『Step Out』
JAPAN

1996年に三鷹で結成。ジャマイカン・オールディーズの薫りを大切にしながら、カリブ音楽を公汎にわたって愛する姿勢が窺えるバンド。PAPA B、ARAREなどダンスホール・レゲエとのコラボも展開する柔軟さも。本作は2007年に発表された4枚目のアルバム。深みを増した演奏は、もはや盤石。川辺"Aquvii"恭造のぶっきらぼうなボーカルもクセになる味がある。

P-Vine / PCD-25967 / CD　　　　　　　　　　　　　　　　(宮内 健 / ramblin')

浦朋恵
『Walkin' With Mr. Bimbo』
JAPAN

SKAViLLE JAPAN 2013にも出演したバリトン・サックス&クラリネット奏者、浦朋恵のセカンド・アルバム。豪華なゲストを招きロックステディ〜スカ〜レゲエを中心にジャングル・ビートからSAM COOKE、ニューオリンズ・タイプのR&B、ジャンプ〜スウィングまでバラエティに富んだ楽曲を収録した名盤。

My Best / MYRD33 / CD　　　　　　　　　　　　　　　　(Ska In the World)

THE KING STOMPERS
『君がいないと / Mobay Walk 』
JAPAN

東京を拠点に活動をするオーセンティック・バンドの最新シングル。A面はオリジナル・ジャマイカンの息吹を確かに感じさせるホーン隊やサウンド・プロダクションに、切なさ満載の歌が乗る超名曲確定の歌謡スカ・ナンバー。B面はカラッと晴れ渡った砂浜みたいなインスト・キラー・スカ・ナンバー。

King's TONE / KINST0349 / 7inch　　　　　　　　　　　　(Ska In the World)

THE KING LION
『Wakie Wakie』
JAPAN

秋田を拠点に長年スカ・シーンをサポートしているKING LIONの2004年リリースのファースト・アルバム。エモーショナルな60's オーセンティック・ジャマイカン・サウンドを聞くことが出来るグッド・アルバム。2007年には7インチ・シングルもリリースしたが、ニュー・アルバムが待ち遠しいバンドのひとつである。

Tone Catz / TCROT005 / CD　　　　　　　　　　　　(Shochang / BABYLONiX)

The Resurrection of Ska Punk

スカ・パンクの復活

OPERATION IVY
『Operation Ivy』

U.S.A.

Hellcat Records / 86893 / CD

RANCIDのTIMとMATTが在籍したLATE80'sのイースト・ベイ、伝説のバンド。短期間の活動だったにも関わらず、その後のシーンに絶大な影響を与えたのは周知の通り。そのOPERATION IVYの唯一のオリジナル・アルバム。"スカ・パンク"を語る上では外せない1枚。大名曲「Sound System」、「Unity」収録。

(Kazoo / RECORDSHOP ZOO)

SCAFULL KING
『Scafull King』

JAPAN

Diwphalanx / PX101 / CD

1990年代半ばから2000年代初頭にかけて巻き起こったスカ・バンド・ブームのど真ん中にいながら、もっとも自由で、もっとも雑食で、もっとも「スカじゃなかった」のが彼らだった。ソウル／パンク／ファンク／ジャズ／アイリッシュと目まぐるしく変わるサウンドでシーンをかき回しまくっては、あっさりと活動休止した6人の鬼才。現在は個々の活動を展開している彼らだが、思い出したように集まっては神出鬼没にライブを続けている。本作はファースト・アルバム発売から10年目となる2007年に発売されたベスト盤。ではあるが、新たに録音されたインタールードが8曲加えられ、彼らが奏でる"SCA"の混沌が、より鮮やかに際立っている。

(宮内 健 / ramblin')

FRUITY
『Songs』

JAPAN

1995年-1997年と活動時期が極短いにも関わらず、今も尚多くのフォロワーを生み続け、もはや伝説化してしまったスカ・パンク・バンド、FRUITY。「OPERATION IVYをベースにSUGAR BABE的アプローチで」をテーマにした楽曲群は当時最盛期であったスカ・パンク・シーンの中でも一際異彩を放つ存在であった。今作は2001年に発売された当時のマニアを狂喜乱舞させた編集盤。Less Than TVからリリースされた唯一の単独作7インチ『Rocky, Colt And Tum Tum』をはじめ、入手困難であったオムニバス参加曲、未発表曲、ライブ音源など全20曲が収録。バンドは解散後、SCHOOL JACKETSを経てYOUR SONG IS GOODへと続く。

Stiffeen Records / SRCD1007 / CD

(大澤 / I Hate Smoke Records)

BINGO MUT
『1992-94 Discography』

U.S.A.

まさか本人たちも20年後にディスコグラフィーとして異国で発売されるとは夢にも思ってなかっただろう…。フロリダ産超ハイ・テンション・スカ・パンクバンド、BINGO MUTの全曲集がリリース！当時良質スカ・パンクが産まれ狂っていたフロリダで、7インチ1枚、Faroutコンピに2曲（内1曲は新曲）のみで消えていったよくありがちなUSバンドの末路を辿るかと思いきや、その多すぎるリズム・チェンジと異様なテンションがここ日本で極一部のマニアにカルト的人気を誇っていた。今作はデモ含む未発表曲を集めた全13曲収録とマニアは狂喜乱舞！ライナーにはBINGO MUT伝道師といっても過言ではないサイトウ"JxJx"ジュン（YOUR SONG IS GOOD / カクバリズム / ex. FRUITY）が執筆！

Ska In The World / SIWI213 / CD

(大澤 / I Hate Smoke Records)

THE PLANET SMASHERS
『Descent Into The Valley Of...』

CANADA

カナダの Stomp Records のオーナー、MATT COLLYER が在籍する結成20年近いベテラン・スカ・パンク・バンドの2011年リリースの7作目。ゴリゴリのヘヴィ・ロック調のイントロから、スカ・ダンス必至のスカ・ナンバーへ一転。全編を通して満ち溢れる90'sから現在に至るまでのスカ・コア・ファン、メロディック・ファンをうならせるであろう抜群のメロディ・センスは流石の一言。

Stomp Records / STMP080 / CD   (Shochang / BABYLONiX)

MIKE PARK
『Smile』

U.S.A.

Asian Man Records のボス、MIKE PARK がキッズの為に制作した2011年作。彼の2人の子供も太鼓判を押すこのアルバムは、インディ・ポップ meets スカ・サウンドでとても心地良いアルバム。初回盤はクレヨンが特典に付いていました。今年はTHE BRUCE LEE BANDで10年ぶりのニュー・アルバムのリリースも予定している。

Asian Man Records / SC029 / CD   (Ska In The World)

PIMPBOT
『Pimpbot』

U.S.A.

GO JIMMY GOのトロンボーン奏者として来日もした、FERNANDO率いるPIMPBOTの2011年リリースの最新アルバム！ キャッチーで軽快なスカ・パンク・ナンバーに、時折みせるヘヴィなサウンドがとてもマッチしているTHE PLANET SMASHERSやMUSTARD PLUGファンにオススメな一枚！

Pass Out Records (USA) / POR7281 / CD   (Ska In The World)

THE MIGHTY MIGHTY BOSSTONES
『The Magic Of Youth』

U.S.A.

ボストンの大ベテラン！ スカ・コア、スカ・パンクの雄、THE MIGHTY MIGHTY BOSSTONESの通算9作目となるスタジオ・アルバム。2011年作。ボストン・ハード・コアから昨今のストリート・パンク系のバンドまでの系譜や血脈をしっかりと受け継いだ極上スカ meets パンク・ロックな作品。往年のスカ・ダンス必至のホーン攻勢と、DROPKICK MURPHYS、BOUNSING SOULS直系の男くさーいシンガロング・スタイルのメロディと歌声は、もはや彼らならではの伝家の宝刀と言って良いでしょう！

Big Rig Records / BTBR1261 / CD   (Disk Union)

BOMB THE MUSIC INDUSTRY!
『Scrambles』

U.S.A.

ニューヨークを拠点に人気急上昇中、BOMB THE MUSIC INDUSTRY!の最新アルバム！ アメリカ西海岸のイースト・ベイ・パンクmeetsホーン・セクションなアグレッシブなサウンド収録の要チェック・アイテム！

Asian Man Records / ASM176 / CD　　　　　　　　　　　　(Ska In The World)

BIG D AND THE KIDS TABLE
『For The Damned, The Dumb & The Delirious』

U.S.A.

結成16年目の2011年にリリースされたフル・アルバム。90'sのスカ・コア、スカ・パンクを肌で感じているだけあって、スカ・パートやモッシュ・パート、シンガロング・パートの絶妙な構成はさすがとしか言い様のないクオリティ。総勢17名のゲストを招いて作られ、まさにスカ・パンク・イズ・ノット・デッドを宣言しているかのようだ。

Side One Dummy Records / USOD714492 / CD　　　　(Shochang / BABYLONiX)

VOODOO GLOW SKULLS
『Break The Spell』

U.S.A.

Smelvis Recordsからの5年ぶりのリリースとなる9枚目のスタジオ音源。パンク、ロック、イギリスそしてスパニッシュの要素をスカの音に融合させており、LESS THAN JAKEなどよりもユニークな荒々しさを出すために、よりヘヴィな音作りをしている。このアルバムは、裏側に深い意味が込められていて、楽しくて不純な曲、速いパンク曲やダークなハードコアがベースになった曲までをパワフルなサウンドで仕上げた、今までのVGSのアルバムと似ている。言い換えれば、VGSはこの新しいレコードで新旧問わず全てのリスナーに何かを与えることができるはずだ。

Smell Viz / SMELVIZ 44 / CD　　　　　　　　　　　　（ジョン・ポンティアス）

LESS THAN JAKE
『Greeting And Saltations』

U.S.A.

祝20周年！ 日本でもお馴染みのメロディック・スカ・パンク・バンド、LESS THAN JAKEの通算8枚目となる20周年記念アルバム。日本のオーディエンスには初お披露目となる、ライブ会場限定で発売していたシングルをまとめ、未発表曲2曲も収録。20年間止まることなく走り続けてきた彼らのメロディー・センスにダイナミックなホーン・アレンジはこのアルバムでも健在！ ライナー・ノートはLTJと親交の深い、伊藤ふみお氏（KEMURI）が執筆。

Ska In The World / SIWI194 / CD　　　　　　　　　　　　(Disk Union)

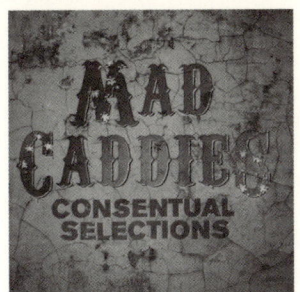

MAD CADDIES
『Consentual Selections』
U.S.A.

アメリカだけではなく世界中の人気を掴み取ったMAD CADDIESの新曲2曲も収録された全24曲収録のベスト・アルバム！ 彼ら独自のポップなスカ・パンク・サウンドを収録。彼らの歴史を聴き取ることが出来る素晴らしい内容のベスト・アルバム！！

Fat Wreck Chords / FAT7572 / CD　　　　　　　　　　　(Ska In The World)

MUSTARD PLUG
『In Black And White』
U.S.A.

Ska Is Dead Tourもオーガナイズしているベテラン・スカ・パンク・バンドMUSTARD PLUGの2007年リリースのアルバム。今までに数多くのTV番組のBGMとしても使用されている、彼らのキャッチーでメロディアスなサウンドが収録されている。2014年には、ニュー・アルバムのリリースも予定している。

Ska In The World / SIWI80 / CD　　　　　　　　　　　(Disk Union)

AUTHORITY ZERO
『Less Rhythm More Booze』
U.S.A.

アリゾナ・メサを拠点とするパンク・ロック・バンド、AUTHORITY ZEROの4作目のフル・アルバムにライブ音源6曲を追加して、2012年にドイツのConcrete Jungle Recordsが再発。アグレッシブなスカ・パンク・サウンド、全18曲収録。

Suburban Noize Records / NZE CD336 / CD　　　　　　(Ska In The World)

CLASSICS OF LOVE
『Classics Of Love』
U.S.A.

ex. OPERATION IVY、COMMON RIDERのJESSEが2008年に結成したバンド。まさかのカム・バックでしたね。内容は80'sのハードコア／パンク・サウンドにスカ・テイストもあり！（このスカ・パンクな曲が最高！）　2012年ファースト・アルバム。

Ska In The World / SIWI181 / CD　　　　　　(Kazoo / RECORDSHOP ZOO)

BUCK-O-NINE
『Sustain』
U.S.A.

長年、アメリカ西海岸スカ・パンク・シーンを引っ張ってきたベテラン、BUCK-O-NINEの2007年リリースの最新アルバム！ 結成22周年を迎える彼ら独特のキャッチー＆ファストなスカ・コア・サウンドは健在。2014年には、ニュー・アルバムの制作も予定しているので楽しみです！

Asian Man Records / AM155 / CD　　　　　　　　　(Ska In The World)

STREETLIGHT MANIFESTO
『The Hands That Thieve』
U.S.A.

今や全米を代表する大人気バンドへと成長したex. CATCH 22のボーカルTOMAS率いるSTREETLIGHT MANIFESTOの2012年リリースのアルバム。アグレッシブでキャッチーな楽曲にダイナミックなホーン・サウンドがミックスされた彼ら独自のサウンド収録の名盤！

Victory Records / VR614 / CD　　　　　　　　　(Ska In The World)

FOUR 0
『Tales Of The Unexpected』
U.K.

イギリスの名門スカ・レーベルであるDo The Dog Musicからリリースされた2011年作。2000年代のUSメロディックを彷彿とさせたり、アコースティック、パーカッシブなパーティー・チューン、ミッド・テンポなエモ・チューン等、様々なアレンジをどキャッチーなメロディで鳴らした最新型スカ・パンク・バンド。

Do The Dog Music / dogcd49 / CD　　　　　　　　　(Shochang / BABYLvONiX)

CAPDOWN
『Civil Disobedients』
U.K.

イギリスを代表する、スカmeetsハードコア・サウンドをプレイする、CAPDOWN。彼らを代表する作品の2000年リリースのファースト・アルバム。2008年より活動休止していたが2010年に復活し、現在も定期的にライブを行っており2014年はニュー・アルバムも予定している。

Household Name Records / HAUS032CD / CD　　　　　　　　　(Ska In The World)

STAND OUT RIOT
『The Gentleman Bandits』

U.K.

イギリス北西部ニューマイルを拠点に活動する、STAND OUT RIOTのファースト・アルバム。STREETLIGHT MANIFESTOやCAPDOWNファンにお勧めのアグレッシブなスカ・コア・サウンド収録。現在も精力的にライブを行っており、ニュー・アルバムが楽しみなバンド。

TNS Records / TNS015 / CD　　　　　　　　　　(Ska In The World)

P.O. BOX
『In Between The Lines』

FRANCE

これまでに世界中で20作以上のコンピに参加し、22カ国で500本を超えるライブを経験！　メロディック・パンク、ハードコア、エモ、レゲエなどの要素を絶妙なスカ・テイストで仕上げたそのスタイルで、今や欧州NO.1の人気&実力を確立するフランス出身6人組の2009年リリースのセカンド・アルバム。

Inya Face / FACE-082 / CD　　　　　　　　　　(Ska In The World)

TALCO
『Gran Gala』

ITALY

BANDA BASOTTI、GATTAMOLESTAなどのイタリア勢ファンにはたまらない哀愁と郷愁のホーン・セクションと男くさいシンガロング！　スカ・コア・チューンはどこまでも疾走感に溢れ、どこまでもメロディック。そして彼らが一筋縄でいかないのはスカ・コア・バンド直系のホーン隊のみならず、マンドリン、ブズーキ、バンジョーにヴァイオリン、コントラバスがいると言うこと。前述の2バンドの他にGOGOL BORDELLOからOLD MAN MARKLEY、FLOGGING MOLLYあたりが好きな人にオススメなバンド。

Destiny / DESTINY144 / CD　　　　　　　　(Kazoo / RECORDSHOP ZOO)

REDSKA
『La Rivolta』

ITALY

イタリア産スカ・パンク・バンド。2012年作のサード・アルバム。"スカ・パンク"の枠を超え爆進する今、イタリアで最も勢いあるバンド。本作ではRUDE HI-FIやVALERIO(THE OFFENDERS)をフィーチャーしたりTHE CLASHの名曲「White Riot」のカヴァーもあり、タダのスカ・パンク・バンドではないことを証明。肝心の曲も「Legato dalla lega」、「Hooligan Rudeboys」の良曲をはじめ全体的に楽しめる好盤です。ちなみにファーストもセカンド(MATRIOSKAやBANDA BASSOTTIのメンバーをフィーチャー)も最高です。

Redstar73 Records / RED73037 / CD　　　　(Kazoo / RECORDSHOP ZOO)

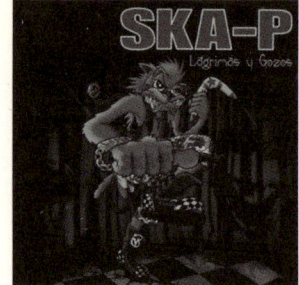

SKA-P
『Lágrimas Y Gozos』

SPAIN

スペイン産スカ・パンク・バンド。2005年に解散後、あっという間に2007年に復活！（笑）　復活後の2008年にリリースされた本作。内容は相変わらず最高な"SKA-P 節"！　SKA-Pのスゴイ所はスカ・パンク・ファンにもネオ・スカ・ファンにも受け入れられるところですね。良曲「Ni Fu Ni Fa」、「El Imperio Caerá」、「Vándalo」を是非ご試聴あれ。百見は一聞にしかず（笑）。

RCA Victor / 737451 / CD　　　　　　　　　　　　(Kazoo / RECORDSHOP ZOO)

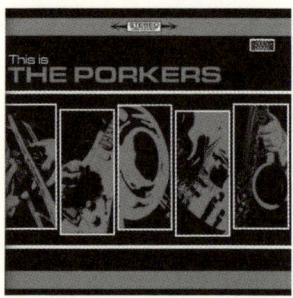

THE PORKERS
『This Is The Porkers』

AUSTRALIA

1985年に結成し、1987年より活動を続けるオーストラリアの重鎮！　THE PORKERSの20周年記念でリリースしたアルバム。来日ツアーでも見せたテクニック溢れる演奏を収録したスカ・コアの名盤！

Sound System Records / SSM034 / CD　　　　　　　　　(Ska In The World)

LOS CAPITANES
『No Fun Intended』

AUSTRALIA

オーストラリアで最近メキメキと力をつけているスカ、レゲエを基調にパンク・ロックをミックスしたサウンドをプレイするLOS CAPITANESの10曲収録のデビュー・アルバム！　後期、SLOW GHERKIN、HIPPOSなどサード・ウェーブ・ファンにオススメのアルバム。

Sound System Records / SSM031 / CD　　　　　　　　　(Ska In The World)

THE BENNIES
『Jah-Pan』

AUSTRALIA

昨年再来日を果たしたオーストラリアのスカ・バンド、THE BENNIES待望のフル・レングス！　90'sのスカ・ダンス必至な王道スカ・パンクの影響を色濃く感じさせた疾走感とメロディ・センスに加え、スペイシーかつド・キャッチーなシンセの音色や血管ブチ切れ寸前のシンガロング・スタイルのボーカル、ダンス＆モッシュ用だとしか思えないブレイクと曲展開は、完全無欠パーティー・アンセムとして作りあげられている。

Bridge Sound / BS018 / CD　　　　　　　　　　　(Shochang / BABYLONiX)

LEFTÖVER CRACK　　　　　　　　　　U.S.A.
『Mediocore Generica』

2001年 Hellcat Records よりリリース。緊迫した極悪カオティックなハード・コアと緩くて痛快なスカ・パンクが出会い頭に爆発し、化学反応を起こしたようなサウンドを繰り出す一枚！　アルバムを通して33分にも関わらずボリューム感が半端ない。ド直球なのにド変化球！　1曲目の0.1秒から壮大なストーリーが始まります。

Hellcat Records / #80433 / CD　　　　　　　　　(YxSxK / BABYLONiX)

DALLAX　　　　　　　　　　　　　　JAPAN
『Heart Storming』

日本のスカ・コア・シーンをリードする自称オシャレ泥棒、DALLAXの2011年リリースの作品。ライブ・シーンで暴れ続ける現在進行形スカ・コア・サウンドがそのままつまった超攻撃的な1枚。間違いなく、DALLAX史上最高傑作にして音楽好きならマストな1枚といえるだろう。

South Bell Records / SBRC0020 / CD　　　　　　　(Disk Union)

SKALAPPER　　　　　　　　　　　　JAPAN
『Find A New World』

福井のスカ・パンク・バンド。2011年ファースト・アルバム。ライブで激盛り上がるキラーな「Continue」やお決まりの「Looking For My Soul」、「Lifeblood」も収録。現在は6人編成で、LESS THAN JAKEやSLAPSTICKに影響を受けたUS likeなサウンド！　2トーン・スカで有名なTHE TOASTERSの「2-Tone Army」のカヴァーを収録。1度でよいので彼らのホーム"福井CHOP"で是非彼らのライブを見てほしい！　彼らが筆頭となって守っている福井・北陸のシーンは本当に素晴らしいんです。リスペクト！

Ska In The World / SIWI165 / CD　　　　　　　(Kazoo / RECORDSHOP ZOO)

YELLOWGANG　　　　　　　　　　　JAPAN
『Change The Regret The Bread』

"愛すべき酔っ払い野郎"によるスカ・パンク・バンド。音もメンバーも最高！今作は2013年リリースのミニ・アルバム。5曲ともクソが付く位の良い曲！見た目からは想像出来ない才能持ってるんだな〜、と度肝を抜かれました（笑）。イエギャンがいる限り日本のスカ・パンク・シーンは健在だと思ってるよ。イエー！　エイエイオ・オ・オォー！

I Hate Smoke Records / IHSR39 / CD　　　　　　(Kazoo / RECORDSHOP ZOO)

MY SHOES MY CAP
『Life Goes On』
JAPAN

本人曰く「俺らはスカ・パンクじゃない！ クイック・ポップだ！」だそうです。要はスカ・パンクです(笑)。トロンボーンのORiEちゃんも加入して4人になりました。良い味出してます。このアルバムには未収ですがレーベル・コンピ『Small Circle Of Friends』で、ウチの店のイベント"ZOOPARK"の曲作ったって聞いた時は抱かれても良いと思いました(笑)。ライブの速さとドラムのカズくんの打ち上げのグダリの早さは有名です。

I Hate Smoke Records / IHSR40 / CD　　　　　　(Kazoo / RECORDSHOP ZOO)

SKALL HEADZ
『Start In Life』
JAPAN

SKALL HEADZのセカンド・アルバム。ミディアム・テンポかつキャッチーなシンガロング間違いなしの「Get Down」、軽快なスカ・パンクが心地良過ぎる「I Gotta Go」、すでにライブでも人気なハード・コア・スカ・ナンバー「The Game Of Evil」、ライブでフロアがジャンプで埋め尽くされる「Hey You!」、美メロとスピーディーな楽曲が融合した「Thanks For All You Gave To Me」と「Wonderful Sunday」、そしてボーナス・トラックとしてOFFSPRINGの「Pretty Fly」と、ライブで培った演奏力とさらにキャッチーさを増した楽曲は捨て曲一切なしの全曲キラー・チューン！

Kick Rock Music / EKRM1192 / CD　　　　　　(Ska In The World)

SPLASH
『Prime Time Star』
JAPAN

川崎発、突き抜けたポップさが光るスカ・パンク。ポップなメロディ、キャッチーな歌詞、そして疾走感抜群の"夏"の音を聞かせてくれる4人組。晴れたビーチで飛び跳ねながら歌うPV"24"では彼らの奏でる音楽から、ハジける人間性までもが飛び出して来そう。SNAIL RAMP以降の絶対にブレないポップなスカ・パンク。

A Rookie Records / Creative Room / YYCA-1020 / CD　　(松井聡太 / Uncleowen)

EMPTY
『So What?』
JAPAN

トランペット入り4人組EMPTYのファースト・フル・アルバム。パンク／スカのみならず、ジャズ／ソウル／ポップスなどを取り入れたグルーヴィー・チューンの数々は聞きどころ満載である。エネルギッシュなライブをそのまま表現した心と体を揺さぶられる一枚である。

Across The Pop Records / POPR20 / CD　　　　　　(Disk Union)

FEELFLIP　　　　　　　　　　　　　　　　　　JAPAN
『For Fighting』

2004年に横浜で結成された5ピース・スカ・コアバンド！　FEELFLIPの2012年リリースの7曲収録のミニ・アルバム。ライブ感あふれる軽快なスカ・パンク・ナンバー収録！2013年には、代官山Unitで企画ライブやLESS THAN JAKEとツアーを行うなど、勢いに乗る彼等に要注目！！

The Ninth Apollo Records / TNAD32 / CD　　　　　　(Ska In The World)

THE SENSATIONS　　　　　　　　　　　　　　JAPAN
『Twistin' In The Shits Groovin'』

「モータウン、ノーザン・ソウルなどの60'sフレーバーをパンクのテンションで吐き出す」がモットー。2013年リリースの大傑作セカンド・アルバム！（ウチの店で新品CDで過去1番の売上げを記録！）　特にスカ・パンク・バンドってワケではナイです。けどスカ・パンク・ファンにもオススメです。ライブうまい！　とかじゃなく、ライブって楽しい！　を教えてくれるバンドです。そうです。事件は現場で起きてるワケです。個人的に日本のバンドのライブで1番好きです。愛してまーす（笑）！

I Hate Smoke Records / IHSR42 / CD　　　　　(Kazoo / RECORDSHOP ZOO)

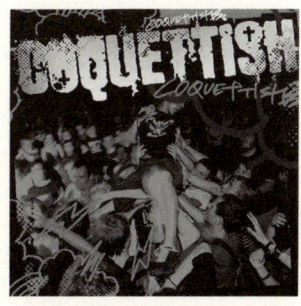

COQUETTISH　　　　　　　　　　　　　　　　JAPAN
『Coquettish』

もはや説明不要！　ジャパニーズ・パンク・スカ・レジェンドCOQUETTISH!!　アグレッシブなハードコア・サウンドとキャッチーなスカ・パンクが絶妙に織り交ぜられたコケ節大炸裂のとてつもないパワーを感じる一枚。今作も拳を振り上げシンガロングせざるを得ないキラー・チューンだらけ！　大推薦盤！！

Ska In The World / SIWI102 / CD　　　　　　　　(YxSxK / BABYLONiX)

HEY-SMITH　　　　　　　　　　　　　　　　　JAPAN
『Now Album』

特集でインタビューも掲載している名実ともに現在の音楽シーンに必要不可欠となった"大阪極上バンド"、HEY-SMITHの2013年リリースの15曲収録の最新アルバム。一度聴いたら耳から離れない特徴のあるボーカルだけでなくホーン隊や絶妙なコーラス・ワークにも要注目の必聴盤！

Caffeine Bomb Records / CBR57 / CD　　　　　　　　　(Disk Union)

GELUGUGU   JAPAN
『Gelugugu Super Best 2 - 15th Anniversary Edition-』

2012年に15周年を迎えたスカ・コアの大阪番長のGELUGUGU。『ゲルググ・スーパー・ベスト』から5年、後期の曲を中心としたベスト盤第2弾。前回10周年のBESTに入らなかった曲の中から厳選して収録。15年もの長い間、日本のシーンをリードしてきた彼らの歴史を聴き取ることが出来るオススメ盤。

Musicmine / IDCA5006 / CD   (Disk Union)

SKA FREAKS   JAPAN
『Live Freaky! Die Freaky!』

滋賀産スカ・パンク・バンド。2010年、名門TV FREAK RECORDSからのファースト・アルバム。そのオーナーのRYOJI氏 (ex. POTSHOT) からの提供曲「Beautiful Daybreak」やライブで盛り上がる「More Short and Fast」、「Do We Have the Rights?」、「Pickles」収録のまさに好盤！ 生粋のライブ・バンドらしい臨場感溢れる1枚 (それでもライブのが5倍良い)！ これだけ褒め殺せば酒奢ってくれるかな。(笑)

TV-Freak Records / TV103 / CD   (Kazoo / RECORDSHOP ZOO)

RUDE BONES   JAPAN
『Dem Bones - The Greatest Hits Album-』

結成15周年を迎えた2008年にリリースした15周年記念ベスト・アルバム。ライブで大盛り上がりの「Hey! What's This Noise!」、「Loosen Up」、「Always Praying For You」など数多くのヒット＆キラー・チューンから厳選した曲の他に新曲の「Jump Out Side」も収録した全22曲収録のマスト・アイテム！ 昨年は20周年シングルをリリースし、2014年春には待望のニュー・アルバムのリリースも予定している。

Diwphalanx / PX180 / CD   (Disk Union)

THE REDEMPTION   JAPAN
『Rough Dance Convention』

KEMURIのTSUDA氏率いる、THE REDEMPTIONのセカンド・アルバム。畳み掛けるキャッチー＆ファストなメロディック・スカ・パンク・サウンドが炸裂！ 軽快なスカ・パンク・サンドの中にTHE REDEMPTIONオリジナル・レゲエ・サウンドを織り交ぜた聴きどころ満載のニュー・アルバム！

Ska In The World / SIWI203 / CD   (Ska In The World)

U CAN'T SAY NO!
『5 Becomes 1』
JAPAN

日本のスカ・パンク・シーンを引率するベテラン西荻系最重要バンドUxCxSxNの10周年記念アルバム！ ド頭から最後まで突き抜けるキャッチーかつトリッキーなメロディーは一度聴いたらヤミツキ。5曲目に収録されている7 SECONDSのカヴァー、「New Wind」なんてもはや涙ものの、カヴァー・センス！ 脱帽です。

Ska In The World / SIWI106 / CD　　　　　　　　　(YxSxK / BABYLONiX)

KEMURI
『All For This!』
JAPAN

2012年9月AIR JAM2012年で再結成。その後11月のリユニオン・ツアーも全公演ソールド・アウトの大盛り上がりとなったスカ・パンクのカリスマ、KEMURIの2013年リリース作。今もアメリカのBlasting Room Studioでレコーディングを行い、ライブ感に溢れたスカ・パンク・ナンバーを収録！2014年3月には、バンド初となるカヴァー・アルバムのリリースも予定している。

Cutting Edge / CTCR-14778 / CD　　　　　　　　　(Ska In The World)

BASSUI
『Play Ground』
JAPAN

2002年地元横浜で中学からの同級生で結成した3ピース・バンド。単独音源としては3枚目となる今作は、メンバーが自ら立ち上げたレーベル、G.O.D Recordsからの初リリース。BASSUIサウンドの特徴として、スカ、パンク、そしてファンという3つの要素が心地よく混じったパーティー・チューンと、それを体現できるライブで、結成時より自らの表現にブレることなく、ハードコアやメロコアを主体とするバンドとの対バンでも異彩を放っている。

G.O.D Records (JPN) / GOD001 / CD　　　　　　　(Ska In The World)

CHARLIE
『Can't Sleep, Count Sheep』
JAPAN

ex. TOO MUCH TOO YOUNGのメンバーによるNOTスカ・パンク・バンド(笑)。再発で話題のSCHOOL JACKETSをこよなく愛して止まないバンド。このズッコケ感と意外なPOP感がGOODなんじゃないでしょうか。余談ですがメンバーと家が近いです。from 愛知でなく三河だそうです。

Potato Records / PTTR1 / CD　　　　　　　　　(Kazoo / RECORDSHOP ZOO)

FREE KICK
『Dawn Of The Future』
JAPAN

北海道産スカ・パンク・バンド。構想に7年もかけて制作された、2013年の日本のスカ・パンク・シーンに衝撃を与えた傑作。Gt./Vo.のHIDEKIのキャラとビッグ・マウスも傑作。フットワークの軽さとライブの巧さも合わさってライブはスゴイ事になっています。まさに、いつ見るの？　今でしょ！！！

1138 / 1138-0034 / CD　　　　　　　　　　　　　　(Kazoo / RECORDSHOP ZOO)

SALVO
『This Way EP』
JAPAN

横浜産の3ピース・メロディック・スカ・パンク！　現メンバーによる初の7曲収録のDEMO音源。「This Way That Way」の速くてPOPなの好みです。「トルネード」の速くて合唱できるの好みです。「Music」のピースなミドル・ナンバーも好みです。それ以外のメロディックなのも好みです。だけどメンバーが1番好みです（告白！笑）。

Self / - / CD　　　　　　　　　　　　　　(Kazoo / RECORDSHOP ZOO)

SKA SKA CLUB
『New Hope』
JAPAN

8年ぶりに活動を再開したSKA SKA CLUBの2013年リリース作。2000年代初頭を最も賑わした伝説のスカ・バンドが、当時の熱量を生かしつつ、より深みを増した独自のサウンドで再来させた12曲収録の必聴盤！

Mrs.Barbalian / MRSB-002 / CD　　　　　　　　　　　　　　(Disk Union)

VAGARIOUS VAGABONDAGE
『Down Beat Radio』
JAPAN

名古屋産スカ・パンク。2013年、自主制作の割に売れたミニ・アルバム（発売日初日初回プレス売切れ）。メロディック・ファンにもアピールできる新世代スカ・パンク・サウンド（今が旬です）！　オーディエンスを引き込む巧さのあるライブは必見！

Vaga Records / VAG-001 / CD　　　　　　　　　　　　　　(Kazoo / RECORDSHOP ZOO)

RED CLAW SCORPIONS
『Working-Class』　　　　　　　　　　　　　　　　　JAPAN

DUCK MISSILE、POTSHOT、雷矢のメンバーから成るコレぞスカ・パンク・バンド。スカ・パンク、スカ・パンクって言うけど、こういうカンジが真のスカ・パンクだと思います。RANCID〜OPERATION IVY好きは必聴！　ライブは男気溢れるステージで最高です。個人的には「Civilization Calls」と「Working Class」がオススメです。

TV-Freak Records / TV-113 / CD　　　　　　　(Kazoo / RECORDSHOP ZOO)

POTSHOT 1997
『Potshot 1997』　　　　　　　　　　　　　　　　　JAPAN

RYOJI氏（Vo.）が1997年のPOTSHOTをイメージしたセルフ・トリビュート・バンド。まんま、あの時聞いたPOTSHOTです！（笑）　残念ながら、作品はコレのみで2013年末で解散しています。また何らかの形で演って頂きたいです。

TV-Freak Records / TV-112 / CD　　　　　　　(Kazoo / RECORDSHOP ZOO)

STEP BY STEP
『Big Skank』　　　　　　　　　　　　　　　　　　JAPAN

1999年に西東京で結成された、VOODOO GLOW SKULLSファンにお勧めのスカ・コア・バンド、STEP BY STEPの2002年リリースのファースト・アルバム。勢い溢れるスカ・コア・サウンドからDON'T WORRY BE HAPPYのカヴァーのような心地良いレゲエ・サウンドも収録。現在はメンバー・チェンジを行い、精力的に活動を続けており、ニュー・アルバムが待ち遠しいバンドの一つである。

Positive Productions / HMS-0030 / CD　　　　　　　(Ska In The World)

BRAZILIANSIZE
『Urauchick』　　　　　　　　　　　　　　　　　　JAPAN

SCAFULL KINGのベーシストで、木村カエラのサポートでも活躍する4106が、DOMINO88などのメンバーら凄腕たちとともに展開するバンド。結成10年目を前に、持ち前のミクスチャー感覚はそのままに、あらためて"裏打ち"のリズムに取り組んだアルバム。そこは一筋縄ではいかない彼ら、スカ・コアでもスカ・パンクでもない新しい景色を見せている。

illustrate Records / ILRC-1007 / CD　　　　　　　(宮内 健 / ramblin')

THE TROJANS

SPECIAL INTERVIEW №04

Text by TAKESHI MIYAUCHI
Translation by JUNKO NAKAYAMA

世界をつなぐ〈スカ親善大使〉といいたくなるぐらいの活躍を続けてきた、GAZ MAYALL。彼が率いるTHE TROJANSが、9年ぶりのアルバム『Smash It!』をリリースした。来日ツアーとキャンペーンで多忙な中、少々グロッキーな状態ながらも取材がはじまればエネルギッシュに語ってくれた。

——9年ぶりのアルバム『Smash It!』は、とてもフレッシュな内容で、聴きごたえのあるアルバムに仕上がっています。これほどのバラエティ豊かな内容になることは、最初から予定していたのですか?

「普通、バンドは速い曲ばかりだったり、速い曲の次はゆっくりした曲を交互に収録するけれど、俺は今回のアルバムにスムースな感じのものだったり、楽器の良さを引き立たせる曲など、さまざまな角度からTHE TROJANSを照らして、そしてアルバム全体として表現したかったんだ。だから、いろいろな曲が入っていると感じるんじゃないかな」

——THE TROJANSは、レゲエやスカに、アイリッシュ・ミュージックをはじめ、さまざまなジャンルをを取り入れてきました。

「あまりイメージが湧かないかもしれないけど、ジャマイカにはアイルランドとスコティッシュ系の人たちが

たくさん住んでいる。たとえばキャンベルとかスチュワートと言う苗字はアイルランド人に多くいる名前で、そういう人たちも住んでいる地域もある。アイルランドのように、夜になるとバンジョーを弾いて違法でお酒を飲める場所が、ジャマイカにもあるんだ。そういう背景を理解しているから、どの音楽も、俺にとってはそう遠くない存在なんだ」

——目まぐるしく変わっていくバンドの音楽スタイルを再現するミュージシャンたちも、なかなか大変だと思いますが。

「こういうアルバムを作るには、まず良いミュージシャンが揃っていなければいけないね。バイオリンのACE FACEやバグパイプのANTOIN。そしてTANTANとVIN GORDONのトランペットやトロンボーン。MEGUMIのサックスなど、それぞれに個性あふれるミュージシャンが集まった時に、とても素晴らしい演奏が出来るんだ。その時にしかできないものがアルバムに収録されているし、そこで得たものが、今日のライヴにも反映されていると思うよ」

——レゲエやスカという音楽自体にはレベル・ミュージックとして側面があります。一方で、GAZのルーツにあるアイリッシュやケルト音楽というのも抑圧された歴史の中で生まれてきた音楽でもあり、またあなたがずっと探求してきたブルースにも、そういった背景があります。THE TROJANSというバンドがさまざまな音楽をミクスチャーすることで、ジャンルは違えど根本に共通するアティテュードや精神性を浮かび上がらせているようにも思えます。

「そうだね。それに料理みたいなもので、ケルティック・ミュージックは実際に演奏するとなると難しいと思われがちだけれど、やってみるとそうでもないんだ。料理する感じで、レゲエやスカのようなジャマイカン・ミュージックに、ケルティック・ミュージックをミックスさせることはごく自然なことだと思うし、それをしない方が逆におかしいとも思っている。自分がそれをすることで、音楽に貢献しているという自負もあるね」

——アルバムの2曲目に「Misogyny」という曲があるのですが、それに込められたメッセージを教えてください。

「〈Misogyny（ミソジニー〉は男尊女卑と言う意味なので、ほんとはサブ・タイトルで〈Let Lady Easy Dance（女の人を踊らせてあげて）〉を付けたかったんだ。イギリスにはイスラム教徒も多く生活しているのだけれど、女の人は今でも顔にカバーをして生活しなければならない。200年前のイギリスのような事がいまだに起こっている。そういう男尊女卑な価値観を変えたいと言う願いを込めてこの歌を作ったんだ」

——今回ZOE DEVLINという女性シンガーをフィーチャーして、PHILIS DILLONの歌でも有名な「Perfidia」のカヴァーなどを歌っています。今回、ZOEをフィーチャーした理由と魅力を最後に教えてください。

「彼女は14歳ぐらいからシンガーとしていたのだけれど、結婚を機にリバプールに引っ越したので、たまにパーティやカーニバルで歌う程度になったんだ。でも、最近彼と別れてシンガーとしてのキャリアを再開させると聞いたので、その場を提供したいと思ったんだ。すごく才能があるし、いいシンガーだからね。だけど、今回のツアーでは彼女がイギリスの『X-FACTOR』という歌のオーディション番組に受かってしまい、契約の関係で来日することが出来なかったんだ。代わりに彼女の同級生であるHOLLIE COOKに帯同してもらった。二人ともPHILIS DILLONが大好きだし、ZOEもHOLLIEが入るのだったらいいのじゃないかと提案してくれたので、リハーサルをしてヨーロッパ・ツアーを回ったら、素晴らしいケミストリーが生まれた。THE TROJANSは一人の為にツアーを辞めることはしない、みんなが家族だからね。HOLLIEが入って、日本ツアーは最高のものになったよ！」

THE TROJANS
『Smash It!』
(Ska In The World / SIWI200)

www.gazrockin.com

SPECIAL INTERVIEW Nº 05

KEMURI

Interview & Text by RYOSUKE ARAKANE

2012年にAIR JAM2012で復活。2013年にはニュー・アルバム『All For This!』をリリース！ そして、今年の3月にはバンド初のカヴァー・アルバム『KEMURIFIED』をリリースすることも決定し、今後の活動がさらに楽しみな彼等に聞きました。

——「AIR JAM 2012」でKEMURIは復活しましたが、あのステージを振り返っていかがでした？

伊藤　ちょっとビックリした。いままでいろんなフェスに出たけど、初めて観る景色だったし、スケール感が違うなって。とはいえ、再結成でしょ？　どこか恥ずかしい気持ちもあって。

——恥ずかしい？

伊藤　のこのこ何をやればいいのかなって（笑）。ただ、あそこまでウェルカムな雰囲気になってることが意外で驚きましたね。

——歌ってるときは何か頭を過ぎりました？

伊藤　何も考えなかった。解散もしてない感覚というか、ブランクも感じなかったし。

——はははは、そうですか。

津田　こちらが元気付けるつもりだったけど、逆に観客からパワーをもらった感じですね。想像を絶するお客さんのノリで、出る前は心臓が飛び出そうなくらい緊張しましたけど。ステージに出たら、いつも通りにやれました。

——では、KEMURI解散後の5年間はどんな期間でしたか？

伊藤　う〜ん、非常に意味深いというか・・・（笑）。

——なぜ笑うんですか？

伊藤　いや、自分や他人のことがわかったし、KEMURIの存在もよくわかった。今後の人生にとって大事な5年間になったんじゃないかな。

——そこまで思う理由は？

伊藤　KEMURIの新しいアルバム『All For This!』の歌詞が自分の中ですごくいいんですよ。変わってない感じもあるけど、変わったと思うんですよね。具体的には言えないけど、自分の中でプログレスできたと思うから。

——津田さんはどうですか？

津田　自分的にはすぐバンドを始めたじゃないですか。それで必死でしたね。

伊藤　THE REDEMPTIONはいつ始めたの？

津田　08年（結成時はREDEMPTION 97、その後THE REDEMPTIONに改名）かな。状況もKEMURIとは違うし、ほんとにゼロからじゃないですか？　もうガムシャラでしたね。

伊藤　俺なんて、08年1月の解散ライブのミックスでアメリカに行ったでしょ？　そのミックス以降、KEMURIの音楽は一切聴いてない。俳優とか、今しかできないことをやろうと思って。音楽も全然やるつもりはなかったし、再結成の連絡があるまで、ほとんど誰とも連絡を取ってなくて。

津田　俺は気になるタイプなんで、（伊藤ふみおのソロ）アルバムはチェックしてました（笑）。

——この辺で本題に入りますが、そもそもお二人がスカに興味を持ち始めたきっかけは？

伊藤　スカ・パンクを聴いたのは93、94年頃かな。FISHBONEはスカ・パンクじゃないし…THE MIGHTY

MIGHTY BOSSTONESも俺の中ではスカ・パンクとは違うというか。

津田 まだミクスチャーの流れだよね?

伊藤 うん、やっぱり『Misfits of Ska』(オムニバス盤)ですよ。あれぐらいで意識した感じですね。SKANKIN' PICKLE、SLAPSTICK、LESS THAN JAKE、BLUE MEANIES、MEALTICKET、REEL BIG FISHとか、それこそディスクユニオンで7インチを買ったりして。かっこいいなあと思って、管楽器はヘタだったけど(笑)。

――どの辺に惹かれました?

伊藤 明るいし、曲調はポップだし・・・ポップというのは、シンガロング系のキャッチーさがあって、それがいいなと。FISHBONEもかっこいいんだけど、ボーカルがねっとりしてるし、やっぱり黒人音楽でしょ。そうじゃない、カラッとした感じが良くて。写真とか見ると、SKANKIN' PICKLEとかTシャツ短パンのああいうスタイルで。スカ・バンドと言えば、スーツみたいなイメージがあるけど、そうじゃなかったし。そこにフリー・ソウルみたいなものを感じて、この格好でスカって言っちゃってもいいんだって。

――その衝撃がKEMURIの結成にもつながるわけですよね。当時考えていたことは?

伊藤 全然考えなかった、モチーフみたいなものは。95年当時、アメリカに住もうと思ったの。で、名刺代わりに音楽を作って持って行こうと。で、津田君にベース弾いてくれない? ってお願いして。僕も曲は書いていたけど、津田君が書いてきた曲があまりにもかっこ良くて、自分の曲はいいかなって。サウンドどうこうよりも、スカの曲で「PMA(Positive Mental Attitude)」を歌いたかったから、歌詞を書こうと思って。ホーン・アレンジもスタジオで聴くまでわからない状態だったし、そんな時代ですよ。最初から綿密に決めてなかった。

津田 あと、Hi-STANDARD流れのメロコア・チームとも違うところにいたから、それがまた面白かったんですよね。

伊藤 Hi-STANDARDやCOKEHEAD HIPSTERSは歳下だったけど、すごく人気や集客があったしね。俺は基本的に周りを気にしないから、ケラケラ笑いながらやってました。KEMURIはハイブリッドというか、不思議な融合さ加減が面白いんですよね。だから、再結成してるくせに、いまだに良さがわからない。

――はははははは。

伊藤 でも今もやりたいことはあって。俺たちはKEMURIで音楽の自由さを謳歌してきたし、全然違う嗜好のメンバーが集まっても成り立つのは、曲がいいからだと思う。また海外でライブをやりたいし、下の世代のバンドとも一緒にやりたいですね。

――お二人の思い入れがあるスカのアルバムはあります?

津田 やっぱりKEMURIの思い出と言えば、THE HIPPOSのファースト・アルバム(『Forget The World』)じゃないですか。

伊藤 ああ〜。あと、LESS THAN JAKEは面白かったねえ。95年当時、どのスカ・パンク・バンドよりも面白かった。だって、スター・トレックのTシャツ着てるんだよ(笑)。ファンク・メタルみたいな長髪で、めちゃくちゃなんだもん。95年はLAに住んでて、REEL BIG FISH、SAVE FERRISとかその辺のバンドは全部観たし、全員友達だったし、みんな圧倒的にオシャレだった。LESS THAN JAKEやSKANKIN' PICKLEはオシャレじゃなかったな(笑)。でもSKANKIN' PICKLEは演奏が上手だったし、THE HIPPOSとか本当に演奏がヘタだったけど、曲がすごく良くてね。やっぱりLESS THAN JAKE、THE HIPPOS、SKANKIN' PICKLEだね。

津田 ふみお君がアメリカで観て、みんな友達になってるから、それでもっと聴くようになって。ふみお君からのいちばん凄いおみやげは、EARTH CRISISのTシャツですね。ストレート・エッジのゴリゴリのハードコアで、ヴィーガン(菜食主義)の人たちだから。

伊藤 ライブも行ったけど、ストレート・エッジな空気にすごく疲れたの。だから、隅っこでタバコ吸ったら、すっげぇ怒られて(笑)。

――はははは。さて、2013年6月には再結成後初となる最新アルバム『All For This!』もリリースされました。

津田 いちばん最初のギターの田中君も入ったし、変わらないといえば変わらないね。

伊藤 95年当時と全然変わってない、はははは。ただ、バンドを始めた頃と違うのはみんな家族があるし、背負ってるものがあるからね。でも自分の目標に向かって進まないと、周りも幸せにならないことも痛感してるから。また自由さは増しているし、その凄みが出たアルバムになっていると思う。すごく楽しいけど、捨て切れない怒りみたいなものもあるしね。基本的にスカやってる人は怒ってるから(笑)。スカ・シーンも盛り上がってもらいたいけど、スカでいい曲を書きたいんですよ。すべてはそこだと思うから。

KEMURI
『All For This!』
(cutting edge / CTCR-14778)

kemuri.com

LESS THAN JAKE

Interview & Text by RYOSUKE ARAKANE / Translation by JUNKO NAKAYAMA

昨年、結成20周年ツアーを大盛況に終え、11月には古巣のFat Wreck Chordsからニュー・アルバム、『See The Light』もリリースしたLESS THAN JAKE。来日ツアー最終日、東京でのライブの前に活動20周年を振り返ってもらいました。

──まず今回の日本ツアー(取材日は、ちょうど大阪、名古屋、福岡、仙台の4公演を終えたところ)を振り返って、今の感触はどうですか?

ROGER MANGANELLI (B/Vo)　とても楽しんでいるよ。日本にはもう何度も来ているし、スタッフも全員家族みたいな存在だからね。

VINNIE FIORELLO (Dr)　そうだね、旅行を楽しんでいるような気分さ。

PETER "JR" WASILEWSKI (Sax)　ツアーの移動中はほとんど寝ていたけどね(笑)。今回のツアーは大阪、名古屋、東京だけじゃなく、福岡や仙台にも足を伸ばすことができたから、それが良かった。

──昨日は仙台公演だったと思うんですが、やってみていかがでした?

JR　台風の影響で1日早く仙台に入る予定だったんだけど、それができなくてね。だから、あまりいろいろ見て回る時間がなかったから、それが残念だった。思い返せば、前回の来日は震災が起きる半年前だったからね。

VINNIE　そう、仙台で野球の試合を観に行ってね。そのときの思い出はいまだによく話すんだ。だから、震災が起きたときも街の風景は覚えていたから、本当にビックリしたよ。今回の来日では、もう少し街並を見れたら良かったんだけどね。

JR: 車で海岸沿いを走って、津波の被害を目の当たりにすることはなかったからね。

──仙台のオーディエンスの反応はどうでした?

ROGER　小さなライブ・ハウスだったからね。でも観客の反応はとても熱狂的だったし、距離が近かったから個人的には大満足だったよ。みんなビールを飲んで、騒いでくれたから良かった。

──話が逸れて申し訳ないですが、ROGERさんは今、REHASHER(※LESS THAN JAKEとは別でROGERが行っているサイド・プロジェクト)のTシャツを着てますよね?

——現在バンド活動は行っているんですか？
ROGER　曲をたくさん作ってる段階で、ライブも今はそれほどやってなくてね。いつかまたニュー・アルバムを発表できたらいいと思うけど。

——近いうちに発表できそうですか？
ROGER　活動的にはなによりLESS THAN JAKEが優先だし、今はこのバンドでライブやツアーを続けてるし、この数ヶ月の間は11月に出るニュー・アルバム『See The Light』の制作に励んでいたからね。その合間を縫って、いつか出せたらいいなと。もし良かったら、REHASHERのアルバムが出るときはディスクユニオンで日本盤を出してくれないかな？

全員　はははははは。

——（笑）そして、昨年はバンド結成20周年を迎えたわけですが、これまでの道のりを振り返ってどうですか？
VINNIE　最初は一つの場所でライブをやって、それから次は違う場所でやる…その一つひとつの積み重ねで、いろんな場所や国でライブをするようになった。強く思い出に残っているのは、2006年に開催されたイギリスの"レディング・フェスティバル"のメイン・ステージでプレイしたことだね。数千人の観客の前で演奏したときは感慨深かったよ。

——LESS THAN JAKEの結成は92年まで遡りますが、当時やりたかった音楽性はどういうものだったんですか？
VINNIE:　92年にバンドを始めた頃はまだ大学生だったからね。最初にバンドをやり始めた動機なんて、女の子にモテたいとか、ただでたくさんビールが飲めるとか、そんな単純な理由だったよ。ほかに人生の選択肢はいっぱいあると思うけど、一つひとつのライブを積み重ねて、今まで続けることができたのはとても幸運だと思う。

——失礼でなければ、年齢を聞いてもいいですか？
ROGER　ああ、もちろんOKだよ（笑）。
JR　37歳。
ROGER　39歳。
VINNIE　43歳になるよ。

——皆さんが大学生の頃に影響受けたバンドというと？
ROGER　LESS THAN JAKEの音楽性に大きな影響を与えたのは、間違いなくSNUFFだね。パンク・ロック、トロンボーン、ファスト、キャッチー、すべてを兼ね備えていた。あと、個人的にものすごくエナジーを感じた音楽はOPERATION IVYなんだ。音源も決していいサウンドとは言えないし、演奏ものすごくうまいわけじゃないけど、エネルギーに満ち溢れていたからね。

——簡潔に言うと、SNUFFとOPERATION IVYを掛け合わせた音楽をやりたかった？
VINNIE:　OPERATION IVYのエナジーとSNUFFのホーン・セクションを混ぜて、ほかにルックアウト・レコードから出ていたポップ・パンクやスカ、オールディーズ、いろんな音楽が混ざり合って、LESS THAN JAKEのサウンドになっているんだ。当時そういう音楽をやってるバンドはいなかったからね。
ROGER　ただ、THE SUICIDE MACHINESを初めて聴いたときは、自分たちと同じことをやってる！　と思ってビックリしたね。まるで兄弟のような親近感を覚えたよ。
VINNIE　SLAPSTICKにもそれを感じたね。会ったことも話したこともなかったけど、自分たちと同じ傘の下にいるような気分になった。

——最初にやったライブの印象は覚えてます？
VINNIE　地元のゲインズビルにある大学の学生寮のリビング・ルームで2曲のオリジナル曲とSNUFFのカヴァーをやったんだ。そのときにCHRIS DEMAKES (Vo/G)がステージ上でズボンを下ろして、俺たちの後に出演するバンドがそれを見て、激怒したんだ（笑）。あれはいい思い出だね。

——はははは。お客さんはどれぐらいいました？
VINNIE　20人ぐらいいたんじゃないかな。リビング・ルームでパーティーをやってるような状態だったから、みんなビール飲みながら大騒ぎして、グダグダだったよ。

——昨年発表された20周年記念盤『Greetings & Salutations』のブックレット内に、VINNIEさんが結成20周年に対するコメントを寄せてますよね。その中に「最初の頃はパンク・ロックとスカの融合には長所と短所があった。パンク・キッズはスカの部分でどう踊っていいかわからず、スカ・キッズはポップ・パンクが大嫌いだった」という文章は当時のシーンの雰囲気が垣間見れて、興味深かったんですよ。
VINNIE　当時はスカ・パンクというジャンルも言葉もなかったからね。最初にスカのバンドと一緒に対バンしたときに、スカ好きの人はパンクの要素が出てきたら、どう乗っていいのか戸惑っていたんだ。そういう状況の中で、自分たちはどう曲を作っていけばいいのか、考えなければいけなかった。だから、自分たちの曲作りのプロセスと同様、ファンもどう乗っていいのか、一緒に学んでいった感じはあるんじゃないかな。それでパンクとスカが混ざったサウンドの乗り方を見つけていった感じだね。それで徐々にファン・ベースが広がった。

——なるほど。音源の話に戻しますが、あの20周年記念盤はライブ会場限定EPと未発表楽曲2曲を収めた全12曲入りですが、LESS THAN JAKEにとってEPというフォーマットはどんな位置づけなんですか？
VINNIE　そこまで深い意味はないんだけど、アルバムを2、3年おきに出すというスタンスもいいけど、少しずつ録音したものをEPという形で出せば、会場に足を運んでくれるファンも喜んでくれると思うからね。

——このEPは、いつ頃に発表された音源になるんですか？
ROGER　2枚のEPは、2011年から2012年に録音したものになるね。
——この20周年記念盤は肩の力を抜いて音楽と向き合っているような、メロディが際立ったシンプルな楽曲が多くて、そこがすごく好きなんですよ。LESS THAN JAKEの魅力がストレートに伝わってくる曲調ばかりだなと。
ROGER　ああ、そうだね。特にEPはアルバムと違って、1曲1曲にそのときの気持ちを込めることができるからね。アルバムになると、作品のトータル性を考えなければいけないから、またアプローチが違ってくるんだ。
VINNIE　EPはもうちょっと試験的というか、実験的な要素が強いかもしれない。1曲1曲どんなことができるのか、自由にチャレンジしている感じがあるからね。
JR: だから、今の自分たちを反映させた曲が自然と出来上がるんだ。テーマはまったくないわけじゃないけど、楽曲単位で進めることが多いからね。
——1曲目「The New Auld Lang Syne」の最後に「蛍の光」（＊原曲はスコットランド民謡「Auld Lang Syne」）を引用してますよね？
ROGER　それは僕のアイデアなんだ。フェイド・アウトの役割として入れただけなんだけどね。
JR: あれはいいメロディだと思う。
——そして、11月には約5年ぶりになるニュー・アルバム『See The Light』がリリースされます。これはどんな内容になりそうですか？
ROGER　アルバムだから、全体的に明確なコンセプトはあるよ。
VINNIE　作品を通して、まとまりのある仕上がりになってると思う。
JR: 1曲1曲繋がりを持たせた感じで、歌詞にもそういう雰囲気はあるね。
——今回新しい試みはあるのでしょうか？
ROGER　そうだね。新しい試みはそれほどないかもしれないけど、今自分たちがやれることを最大限に詰め込んだつもりだよ。
JR　20年前に自分たちがこういう作品を作れるかと聞かれたら、おそらく無理だと思う。これまでの蓄積や経験が今回のアルバムには出てるんじゃないかな。
——新作は再びNOFXのFAT MIKEが運営するレーベル"Fat Wreck Chords"からリリースされることになりましたね？
ROGER　FAT MIKEとは古い付き合いだし、自分たちにとって良き理解者だからね。NOFXのことはすごく尊敬しているよ。

——アルバム名の『See The Light』にはどんな意味を込めているのでしょうか？
VINNIE　今回のアルバム名と歌詞は密接に関連しているんだ。僕らは暗い歌詞を明るいサウンドに乗せることもあるし、歌詞が暗くても最終的に楽しい気持ちになれるように心がけているんだ。このアルバムでは未来は明るい、光があるんだよ、というメッセージを込めてるつもりなんだ。
——逆に言うと、今の世の中は先々の未来に希望を持ちにくいムードがあるからでしょうか？　だからこそ、音楽の中では光や希望を描きたいというか。
VINNIE　実は僕とROGERは、偶然にも2年前にお互い子供を授かってね。それも影響を与えているよ。もし自分がこの世を去っても、子供はその先も生きていくわけだよね？だから、将来に向けて明るい材料を残す作業をしていきたいんだ。昔は自分のネガティヴな感情を吐き出すこともあったけど、子供ができたことで精神的には大きく変わった。なるべくポジティヴな歌詞を書くように心がけているんだ。リスナーに対しても、ポジティヴなエネルギーを与えられる存在でありたいね。
——わかりました。これは余談なんですが、昨年KEMURIが復活したんですけど、伊藤ふみおさん（Vo.）を取材すると、LESS THAN JAKEと初対面したときのエピソードをよく語ってくれて、「ROGERと初めて会ったときに、スター・トレックのTシャツ着てて驚いた」と満面の笑顔で話してくれるんですよ。ふみおさんとの出会いは覚えてますか？
ROGER　ああ、もちろん覚えているよ。彼は本当にナイスガイで、KEMURIはTHE SUICIDE MACHINES同様、自分たちと似た音楽をやっているという意味で従兄弟みたいな存在なんだ。当時スター・トレックのTシャツを着ていたのは、同じスター・トレック好きの友達ができればいいと思ってね。まあ、何ていうか、オタク的な発想だよ、はははは。
JR: 俺、この部屋から出てもいいかな？
全員：はははははは。

LESS THAN JAKE
『See The Light』
(Fat Wreck Chords / FAT916)

www.lessthanjake.com

STUBBORN 2-TONE

こだわりと信念を貫くゼロ年代の2トーン・スカ

THE SPECIALS
『The Specials』

U.K.

Two-Tone Records / TOCP-95067 / CD

イギリスはコヴェントリー出身の白人黒人混成バンド、THE SPECIALS（2 TONE の語源は、この白人と黒人からきている）。ジャマイカ発祥のスカとロックを合わせた斬新なサウンドで1979年リリースのこのアルバムで世界規模で旋風を起こした。好ナンバー多数だが特筆すべきはやはり、泣く子も黙る大名曲「Little Bitch」。

(Kazoo / RECORDSHOP ZOO)

MADNESS
『Oui Oui Si Si Ja Ja Da Da』

U.K.

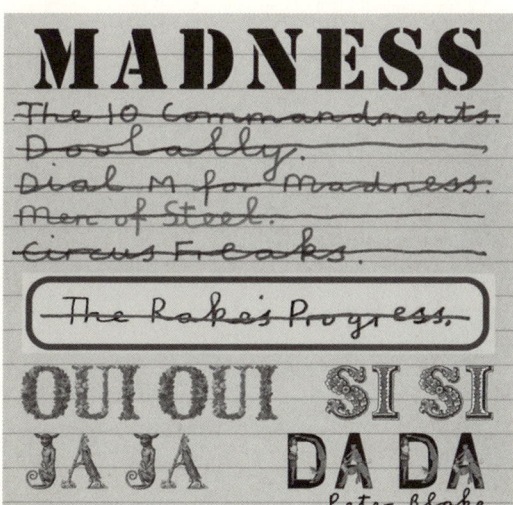

ENTERTAINMENT ONE / EOMCD2457 / CD

THE SPECIALSと共にスカ・ブームを巻き起こし、イギリスの国民的人気バンドになったMADNESS。日本では「In The City」でお茶の間に知られた彼らの2012年リリースの通算10枚目のアルバム。今作は、KAISER CHIFSなどを手掛けるSTEPHEN STREET、THE WHITE STRIPESの「Elephant」でグラミー賞も受賞している、LIAN WATSON、OASISを手掛けるOWEN MORRISなど複数のプロデューサーを起用して、バラエティに富んだ内容となっている。イギリスのユース・サウンドともいえるスカ／パンク・ロックに至る、王道のサウンドが見事にハマった最上級のポップ・スカ・アルバム。

(Ska In The World)

BAD MANNERS
『Ska'N'B』

U.K.

Pressure Drop / PDROP CD 13 / CD

1980年ファースト・アルバム。2トーン／ネオ・スカ・ファンなら必聴！ ボーカルのBUSTERの巨漢ぶりと舌の長さは有名な話。ミドル・テンポなハッピー・チューン「Lip Up Fatty」やコレぞBAD MANNERSな「Ne-Ne Na-Na Na-Na Nu-Nu」。ナイス・カヴァーの「Woolly Bully」も収録。現在も現役でまだ日本で見れるチャンスも…！？

(Kazoo / RECORDSHOP ZOO)

Oi-SKALL MATES
『12-Mates Skall Nighter Woo.....』

U.S.A.

Diwphalanx / PX69 / CD

1996年に結成、今や日本のスカ・シーンの"顔"となったルード・ボーイたち。彼らが2001年に発表したファースト・アルバム。初回限定盤は丸い缶に入っていた。「Enjoy Yourself」「Justice Calling 69」「Scooter Boy Scooter Girl」など、彼らのライブの定番曲…というよりも、すべてのスカ・ラヴァーズのアンセムが詰まったアルバム。「Nishiogi Tokyo」がはじまる時に身体中をかけめぐる、ザワザワする感覚は永遠だ。今となっては地方在住のメンバーも多くなったそうだが、やっぱり彼らはいつまでも、レペゼン西荻のあんちゃんたちだ。それにしても、いいかげんニュー・アルバムが待ち遠しい。

(宮内 健 / ramblin')

DARKBUSTER
『A Weakness For Spirits』
U.S.A.

ボストンの伝説の裏番長。DICKY BARRET（THE MIGHTY MIGHTY BOSSTONES）と KEN CASEY（DROPKICK MURPHYS）という地元黄金タッグに加え、THE DUCKY BOYS, KINGS OF NUTHIN' そして THE SLACKERS のメンバーらも参加している豪華なパーティー。

Uncleowen / UNCL-007 / CD　　　　　　　　　　　　(Rockin' Owl)

THE ISRAELITES
『The Holy Of Holies』
U.S.A.

アメリカ・オレゴンの2トーンを基本にスカ／ロックステディもプレイするベテラン・バンド。バンド名は DESMOND DEKKER の曲名からか？ と思わせる、60'sスタイルのオリジナル・ジャマイカなスカとロックステディを演奏。エンジニアにオリジナル・ジャマイカン・サウンドを知り尽くす SOLOMON JABBY を起用。

Shanty Town Records / SHANTY-005 / CD　　　　　(Shochang / BABYLONiX)

THE IMPALERS
『Blood, Rum & Reggae』
U.S.A.

サンフランシスコを拠点にソウル・バンド THE INCITERS のメンバーなどで結成された THE IMPALERS のデビュー・アルバム。女性ボーカルで心地良いスキンヘッド・レゲエ・サウンドが収録されている THE AGGROLITES ファンにお勧めの一枚。

Ska In The World / SIWI93 / CD　　　　　　　　　　(Ska In The World)

THE TOASTERS
『Big 25!』
U.S.A.

世界中の多くのバンドが影響を受けた THE TOASTERS が、日本のファンのために彼らの歴史がわかるベスト盤と、当時（2007年）リリースした、『One More Bullet』を2枚組CDにまとめたお買い得盤！『One More Bullet』は、フレッシュな心地良いジャマイカン・スカ・サウンドが11曲収録されている。

Ska In The World / SIWI89 / CD　　　　　　　　　　(Disk Union)

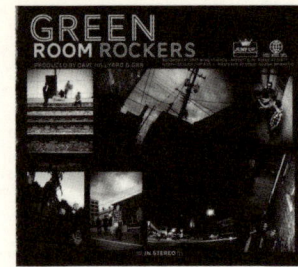

GREEN ROOM ROCKERS
『Green Room Rockers』

U.S.A.

現在のアメリカ・シーンの若手の代表的バンド！ GREEN ROOM ROCKERSの12曲収録のデビュー作。THE AGGROLITESファンにオススメのファンキーで心地良いスキンヘッド・レゲエが収録されている。2012年にはTHE SLACKERSのツアー・サポートを行い、さらに人気＆実力を兼ね備えた彼らに今後注目である。

Jump Up Records / JUMP92 / CD　　　　　　　　　　　　　　　　　(Disk Union)

MONKEY
『Cruel Tutelage』

U.S.A.

アメリカ西海岸を拠点に長年活動を続けるMONKEYの2012年リリース作。キャッチーな2トーン・サウンドにラテン・サウンドをミックスさせたMONKEY独自のサウンドを創りあげている。現在も精力的にライブを行い、新作の準備もしている。

Asian Man Records / ASM132 / CD　　　　　　　　　　　　　(Ska In The World)

THE AGGROLITES
『Rugged Road』

U.S.A.

RANCIDのTIM ARMSTRONGのソロ作でバック・バンドを務めたことにより、世界中から注目を浴びたロサンゼルスのスキンヘッド・レゲエ・バンド。今作は5枚目のフル・アルバムで、彼ら自身の音楽性を表す＜ダーティ・レゲエ＞という言葉が一番しっくりくるアルバムだろう。ワルという名のもとにパンクの姿勢を見せてくれた作品。

Ska In The World / SIWI153 / CD　　　　　　　　　　　　(松井聡太 / Uncleowen)

ELLWOOD
『Lost In Transition』

U.S.A.

MAD CADDIESのボーカリストCHUCK、ex-MAD CADDIESのドラマーTODD、そしてネオ・スウィング・バンド、CHERRY POPPIN'DADDIESの鍵盤奏者のDUSTINをメンバーに活動を開始したニュー・プロジェクト。各メンバーの確かな技術で素晴らしいグルーヴを作り出している。THE AGGROLITESなどを彷彿させるサウンド。

Fat Wreck Chords / FAT7712 / CD　　　　　　　　　　　　　(Ska In The World)

SOUL RADICS
『Down To The Hall』
U.S.A.

限りなくキッチュでルーディなジャケがたまらなくステキな、アメリカのナッシュビルを中心に活動するSOUL RADICSのファースト・アルバム。フロアを熱くさせるであろうアップ・テンポなネオ・スカや、ロックステディ、スキンヘッド・レゲエをオリジネイター顔負けにプレイ。そしてなによりもこのバンドの肝は、紅一点であるDANIの表現力豊かでソウルフルなヴォーカル。キャッチーなネオ・スカではどこまでも暴れたくなり、ファンキーなアーリー・レゲエでは腰砕けになるまで踊りたくなるような、そんな魅力に溢れている2014年注目のバンド。

Jump Up Records / JUMP111 / CD　　　　　　(Ska In The World)

SMOKE LIKE A FISH
『Blood, Fish & Bone』
U.K.

2トーンのお膝元、イギリスのウェールズで活動するSMOKE LIKE A FISHの2011年作。ベテランらしく伝統的な2トーンのスタイルを踏襲し、ホーン・セクションの哀愁溢れるメロディが胸を熱くする。爆音でかかれば高速低空スカ・ダンス必至のキラー・ナンバー多数収録。

Do The Dog Music / DOGCD51 / CD　　　　　(Shochang / BABYLONiX)

RODDY RADIATION AND SKABILLY REBELS
『Blues Attack』
U.K.

THE SPECIALSのギタリストのRODDY RADIATIONによる2012年作。ロカビリーとスカの融合を良いバランスで構築していて双方のファンに受け入れられそうな内容。特に「Black Zodiac」は"ロカビリー・スカ"の最高な1曲だと思います。こんなので夜な夜なBEERと共に踊りたいですね。

Jump Up Records / JUMP095LP / LP　　　　(Kazoo / RECORDSHOP ZOO)

V.A.
『This Are U.K.Ska / Vol.4』
U.K.

今や絶滅危惧種的な感もあるコンピ盤ですが、イギリスのスカ・レーベルであるDo The Dog Musicがリリースするこのシリーズ作品を聴いたりしてると、まだまだ需要はあるんじゃないかと思うんですよ。新しい発見が必ずあるわけだから。こんなバンドがまだまだいるのか！　的な発見が必ずあるわけだから。今作で言えばEREMIAH FERRARIとかBREADCHASERBがまさにそれ。他にもJIMMY THE SQUIRRELやSMOKE LIKE A FISH等を収録。

Do The Dog Music / DOGCD52 / CD　　　　　(Shochang / BABYLONiX)

CARTOON VIOLENCE
『Tit For Tat』

U.K.

3 MINUTE WARNINGの鍵盤奏者CHUZを中心に結成したニュー・バンド、CARTOON VIOLENCEのセカンド・アルバム！ 2トーン・スカを基本にブリティッシュ・ポップ・サウンドをミックスした軽快でキャッチーなグッド・アルバム。SMOKE LIKE A FISHファンにはたまらない印象的なボーカルにも注目！

Do The Dog Music / DOGCD54 / CD　　　　　　　　　　(Ska In The World)

THE BAKESYS
『Return To The Planet Of The Bakesys』

U.K.

Do The Dog Musicを運営するKEVINが在籍するTHE BAKESYSの復活作。1991年より、THE SPECIAL BEATやBAD MANNERSに強烈に影響を受けたサウンドで活動をスタートし、1997年にアルバムをリリース後、解散。2009年に復活したのを記念してリリースしたライブ盤。

Do The Dog Music / DOGCD34 / CD　　　　　　　　　　(Ska In The World)

JOHN PLAYER SPECIALS
『Identification』

U.K.

イギリス・マンチェスターのニュー・カマー、JOHN PLAYER SPECIALSのデビュー・ミニ・アルバム。2トーンに強烈に影響を受けたサウンドに彼らの特徴である心地良いソウルフルなボーカルがミックスされたグレート・ソング収録のオススメ盤！ 5曲入り。

Do The Dog Music / DOGCD39 / CD　　　　　　　　　　(Ska In The World)

TOO MANY CROOKS
『Here Today Gone Tomorrow』

U.K.

イギリス・ブライトンを拠点に長年活動を続ける、TOO MANY CROOKSの2012年作。前作からのブランクもかなりあり、久々のリリースとなった今作はベテランらしい貫禄溢れるメロディアスな2トーン・サウンドを収録。王道ではありますが、MADNESS、THE SPECIALSファンは必聴の作品！

TMC / TMC001 / CD　　　　　　　　　　(Ska In The World)

LOS GRANADIANS DEL ESPACIO EXTERIOR　　　SPAIN
『Reggalactico』

DERRICK MORGANのバック・バンドを務めたこともある筋金入りのスペインのスキンヘッド・レゲエ・バンドの2012年作。極上のハモンド・オルガンとホーン・セクションでファンを増殖中。今作は御大DESMOND DEKKERに捧げられていて、オマージュと思われるキラー・ナンバー満載。キッチュなジャケも良し。

Grover Records / GROCD111 / CD　　　　　　　(Shochang / BABYLONiX)

RED SOUL COMMUNITY　　　SPAIN
『What Are You doing?』

スペインで2005年から活動している4人組のネオ・スカ・バンドの2010年リリースのライブ盤。ノリ度抜群の心地良いスカ／ロックステディ・サウンドを軸とし、ガールズ・ボーカル・ファンをも虜にする紅一点イザベル嬢の歌声が鳴り響く！　ミックスは現在多くのバンドが利用しているベルギーのTHE CAROLOREGIANSの所有するPUM PUM HOTEL STUDIO。

Do The Dog Music / DOGCD51 / CD　　　　　　　(Shochang / BABYLONiX)

V.A.　　　GERMANY
『Skannibal Party Vol.11』

ネオ・スカ・ファンにはお馴染みのMad Buther Recordsのコンピレーション・シリーズ、『Skannibal Party』のVol.11が発売！　今作もTHE MIGHTY FISHERSやREBEL SPELLなど、お勧めの初音源となるバンドも多数収録されています。ネオ・スカよりもオーセンティック、サード・ウェーブ系のバンドの方が多いです。

Mad Butcher Records / BBR 080 / CD　　　　　　　(Ska In The World)

THE UPSESSIONS　　　NETHERLANDS
『Below The Belt』

スペインのガールズ・ボーカルを擁するネオ・スカ・バンド、THE UPSESSIONS。THE CAROLOREGIANS、THE MOON INVADERSのMATTHEW HARDISONが所有するPUM PUM HOTELでの録音。ロックステディやスキンヘッド・レゲエを、実にテクニカルな演奏で鳴らし、瑞々しいボーカルで魅了する。

Grover Records / GROCD115 / CD　　　　　　　(Shochang / BABYLONiX)

THE MAGIC TOUCH
『Shocks Of Lightning』

GERMANY

ドイツのネオ・スカ・バンドであるTHE MAGIC TOUCHの2010年作は、名門レーベルGrover Recordsからのリリース。YELLOW UMBRELLAやSOLITOSといったドイツで大人気のネオ・スカ・バンドのメンバーによるオールスター的なプロジェクトなので、サウンドは間違いないです！

Grover Records / GRO CD117 / CD　　　　　　　　　(Ska In The World)

BROILERS
『Santa Muerte』

GERMANY

スカ・テイスト溢れるジャーマン・オイ・パンク・バンド、BROILERSの2011年作。大ヒット・シングル「Harter Weg」も収録の14曲入り。ファンにはお得なDVDやバッジ、ステッカーをセットにして限定で発売。最近は、ドイツだけでなく、ヨーロッパでも人気急上昇中です！

People Like You Records / 4682368 / CD　　　　　　(Ska In The World)

SKAOS
『Catch This Beat』

GERMANY

ドイツ産ネオ・スカ・バンド、SKAOSによる1989年リリースのセカンド・アルバム。ちなみにUnicorn盤とPork Pie盤の2種類ありジャケ違いです。内容は良曲満載！「Do The Ska、Oh Sally!」、「Better Beware」は最高にキラー！1枚通して楽しめるSKAOSの中でも人気なアルバムで、POPなネオ・スカ好きな方は是非！ 数年前に来日を果たし日本でも知名度があるので、一昔より音源も見つかりやすいのではないでしょうか。

Pork Pie / - / CD　　　　　　　　　　　　　　　(Kazoo / RECORDSHOP ZOO)

THE BUSTERS
『Welcome To Busterland』

GERMANY

ドイツの人気ネオ・スカ・バンド。通算10枚目のアルバム。THE BUSTERSのスゴイ所は10枚目なのにこのクオリティ。どのジャンルのどのバンドだって初期が1番なのが多い。このアルバムは初期にも劣らないハイ・クオリティのPOPアルバム！ BUSTERS節炸裂な名曲「The Rule Of Having Fun」や、QUEENのナイス・カヴァー「We Are The Champion」、哀愁感がたまらない「Let's Talk About...」など良曲多数の好盤です！

Dogsteady Records / SPV 085-62382 / CD　　　　(Kazoo / RECORDSHOP ZOO)

MR. REVIEW　　　　　　　　　　　　　　　　　　　　　GERMANY
『One Way Ticket To Skaville』

ドイツ産ネオ・スカ。1998年にGrover Recordsよりリリース。ファースト、セカンド・アルバムやシングルなどから厳選されたベスト音源。超POPな曲から哀愁な曲まで内容◎！　メンバーの外見からはCOOLで硬派なイメージしかないので曲とのギャップがまたGOOD！「The Street Where I'm Living」、「Everyday Another Day」、「Another Town, Rainy Day」は必聴です。

Moon Ska Records / MR120 / CD　　　　　　　　(Kazoo / RECORDSHOP ZOO)

THE HOTKNIVES　　　　　　　　　　　　　　　　　　　　U.K.
『Screams, Dreams And Custard Creams』

イギリス産ネオ・スカ・バンド、THE HOTKNIVESの中でも人気のサード・アルバム(2000年作)。名PSYCHOBILLYバンド、LONG TALL TEXANSのMARC在籍。音は「HOTKNIVES節」とも言えるピースなミドル・ナンバーの連続。哀愁感もGOOD。ホントに良曲多数。特に「You Again, In The Papers Today」、「W.L.N.」はキラーです。「D'yer Maker」はLED ZEPPELINのカヴァー。

Grover Records / GROCD37 / CD　　　　　　　　(Kazoo / RECORDSHOP ZOO)

NO SPORTS　　　　　　　　　　　　　　　　　　　　GERMANY
『King Ska』

ドイツ産ネオ・スカ。1989年作のファースト・アルバム。ジャケもクールですが「Communication」、「Rudy」、「Lack Of Time」をはじめサウンドもクール！そんな中にあるPOPな「How Do You Do」、「King Kong」などが引き立つ！これを名盤と呼ばずに何と呼ぶ！　な必聴の1枚です。

Pork Pie Records / Phaza 49 / CD　　　　　　　　(Kazoo / RECORDSHOP ZOO)

TWO TONE CLUB　　　　　　　　　　　　　　　　　　FRANCE
『Now Is The Time』

フランスで大人気のTWO TONE CLUBの14曲入りフル・アルバム。今作もTHE SKATLITES、LAUREL AITKENファンにオススメのジャマイカン・サウンドが収録。好セールスを記録したファースト・アルバムの『Turn Off』はGrover Recordsより復刻されているので、こちらも是非聴いてもらいたい一枚である。

Leech Music / PICD014 / CD　　　　　　　　　　　(Ska In The World)

MAGIC LORD AND THE MIGHTY DRAKKARS　　FRANCE
『New Day』

フランスのスキンヘッド・レゲエ・シーンを代表するMAGIC LORD率いる、THE MIGHTY DRAKKARSの10曲収録のアルバム！　MAGIC LORDと女性ボーカルのツイン・ボーカルがとてもマッチしていて、THE AGGROLITESファンにお勧め。最近も精力的に活動しているので新作が楽しみなバンドです！

Red Head Man / RHM 10 / CD　　　　　　　　　　　　　　　　(Ska In The World)

THE RATAZANAS　　PORTUGAL
『Lick It Back』

ポルトガルのアーリー・レゲエ／ロックステディ・バンドの2011年作。レイドバックした緩いリズムとクセになる唄声とハモンド・オルガン。ダブ処理を施したドラム。クラシカルな音色のホーン、絶妙に挿しこまれるパーカッション。時にシンガロングしたくなる程にキャッチーで、ダンス・フロアにも最適。ROY ELLISと共演もしてます。

Grover Records / GROCD116 / CD　　　　　　　　　　　　　(Shochang / BABYLONiX)

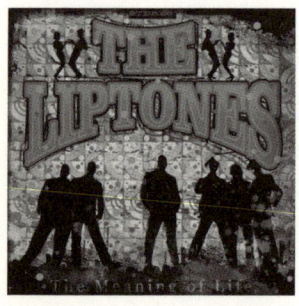

THE LIPTONES　　SWEDEN
『The Meaning Of Life』

2トーンやネオ・スカ好きならば、鳴り出した途端に踊り出さずにはいられない、完璧なツボを知り尽くすスウェーデンのベテラン・バンドの2011年作。アップ・テンポなスカ・ナンバーが目白押しで、肝はメロディ抜群の歌。力強くソウルフルな唄声は最高で、ミッド・テンポの歌モノ・ナンバーには思わず胸が熱くなるはず。

AMTY Records / AMTY16 / CD　　　　　　　　　　　　　　(Shochang / BABYLONiX)

SARI SKA BAND　　POLAND
『100% Sari』

全編ポーランド語で歌われる、ポーランドのネオ・スカ・バンドのフル・アルバム。一曲目から90'sを彷彿とさせるメロディとヘタウマ・コーラスが度肝を抜く。基本はネオ・スカであるものの、オイ・パンクや、レゲエ、ジャズまで様々な影響を感じさせる、実にバラエティに富んだ掘り出し物的大傑作。

Jimmy Jazz Records / JAZZ133 / CD　　　　　　　　　　　(Shochang / BABYLONiX)

LOS AGGROTONES
『Moods』

ARGENTINA

アルゼンチンのブエノスアイレスを拠点に活動するLOS AGGROTONES、待望の15曲収録のファースト・アルバム。2008年に結成し、これまでに2枚のEPをリリースしてきた彼らの本作リリースは地元で大変話題になっていて、サウンドは鍵盤の音色がとても心地良いスキンヘッド・レゲエ。メンバーは、地元でショーのオーガナイズや、"Scooter & Reggae"というファンジンも作っている。

Self / - / CD   (Ska In The World)

BOBBY SIXKILLER
『Lonley Road』

FRANCE

ファンキーなハモンド・オルガンの音色が特徴なフランスのBOBBY SIXKILLERのデビュー・アルバム。地元でもあまり情報が多く入らないバンドでしたが、最近は精力的にツアーを行い、少しずつ人気が出ている今後要注目バンドの一つである。THE AGGROLITESファンにオススメ。

Casual Records / - / CD   (Ska In The World)

THE CAROLOREGIANS
『Fat Is Back』

BELGIUM

THE MOON INVADERSの中心人物であるMATTHEW HARDISONが並行して活動しているスキンヘッド・レゲエ・バンドの4作目の単独作。THE METERSあたりの激烈ファンクな5曲目から四つ打ちアフロな6曲目の流れは最高のダンス・ミュージック。FRANK WILLIAMS&THE ROCKETEERSのカヴァーも収録。

Do The Dog Music / DOGCD53 / CD   (Shochang / BABYLONiX)

BUSTER SHUFFLE
『Do Nothing』

U.K.

フレッド・ペリーのポロシャツにハンチング帽を被りMADNESSライクなオルガンを鳴らす4ピース・バンドのセカンド・アルバム。憂いを秘めたメロディーは2トーンだけでなく、ニュー・ウェーヴや90'sのブリット・ポップ等からの影響も大。前作よりも全ての質が格段にスケール・アップしていて、幅広いファンに聴いて欲しい。

People Like You Records / 4682512 / CD   (Shochang / BABYLONiX)

THE CABRIANS　　　　　　　　　　　　　　　　　　　　SPAIN
『For A Few Pussies More』

男前な低音とファニーな高音のダブル・ボーカルを擁するスペインのスカ・バンドのセカンド・アルバム。男前はスカンキング、ファニーは歌モノ、的な色分けで聴き手を魅了。多彩なアレンジかつ洗練された演奏で60's+αなスカ／ロックステディを奏でる。全20曲捨て曲一切ナシ。ピースフルなメロディとコーラス・ワークも絶妙で素晴らしい。

Rudeness Records / RUR016 / CD　　　　　　　　(Shochang / BABYLONiX)

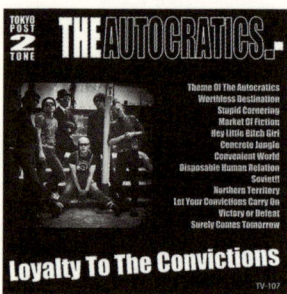

THE AUTOCRATICS　　　　　　　　　　　　　　　　　JAPAN
『Loyalty To The Convictions』

"TOKYO POST 2TONE"を掲げたバンド。踊れる曲が多くライブは激盛り上がりを見せます。ファッションからもイギリスをガンガン感じます。今、1番活動的な日本の2トーン／ネオ・スカ・バンド。メンバーも見かけと内面が反比例したカンジがイイネ！。

TV-Freak Records / TV107 / CD　　　　　　　　(Kazoo / RECORDSHOP ZOO)

ONE STEP BUS　　　　　　　　　　　　　　　　　　JAPAN
『Jamaican Lovers』

2013年11月発売。初の日本語詩となる『Jamaican Lovers』。震災を経て生きることの尊さとそれぞれの正義を歌った「One Life One Time」。そして今迄音源化されなかった、サディスティック全開のネオ・スカ・ナンバー、「Downbeat floor」等々ワンバス節全開、やりたい放題の全7曲入り。

Yoshida / DQC205 / CD　　　　　　　　　　　　　　　　(Disk Union)

ARTS　　　　　　　　　　　　　　　　　　　　　　　JAPAN
『Rhythm & Blue Beat』

鹿児島の現在9人編成のベテラン・スカ・バンド。2002年リリースのファースト・アルバムの本作品は1ヶ月で2万枚のセールス、オリコン・インディーズ・チャートで、初登場9位の大ヒットを記録。代表曲「GO! SKA GO!」をはじめ良曲多数で老若男女が楽しめる贅沢な"スカ"アルバムです！　ボーカルのBON氏はBON-DX（最高にピース！）も並行して活動中。

Irie Label Japan / SHELA001 / CD　　　　　　(Kazoo / RECORDSHOP ZOO)

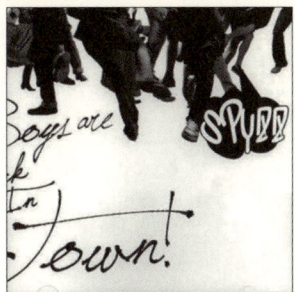

SPYZZ
『Rudeboys Are Back In Town』
JAPAN

結成10年を迎えた、東京を拠点に活動する8人組のネオスカ・バンド。精力的なライブ活動の他、メンバーも個々にDJとしても活動するスカ・フリークたちが、2010年にリリースした初音源。理屈抜きに楽しめ踊れるナンバーが揃った。2014年には、なんと映画出演も予定されているとか。ちなみにメンバーのREOとUKは、本書主催"SKA BOOK NITE"のレギュラーDJとしても参加している。

Rudie Can't Fail Records / RCF006 / CD　　　　　　　（宮内 健 / ramblin'）

ROLLINGS
『Bright Lights』
JAPAN

日本屈指の2トーン／ネオ・スカ・バンド。2002年作ファースト・アルバム。ポップでクールな1枚。これで"ネオ・スカ"を知ったキッズも多いはず。いろいろな所に垣間見える80's のイギリス／ヨーロッパなテイスト◎！　THE SPECIALSの人気曲カヴァー「New Era」もあり。現在は新ヴォーカルを迎え関東を中心に活動中。

Positive Productions / HMS44 / CD　　　　　　（Kazoo / RECORDSHOP ZOO）

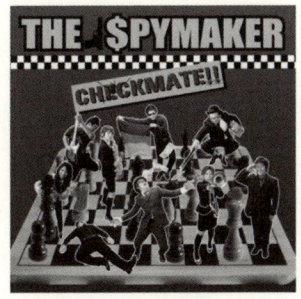

THE SPYMAKER
『Checkmate!!』
JAPAN

2002年に結成されたネオ・スカ・バンド。数多く存在した"NEO SKA CITY NAGOYA"唯一の生き残りバンド。メンバー・チェンジはあるものの結成当初からブレないドイツのNO SPORTSに影響を受けながらも独自のネオ・スカ・サウンド、おれ好きだな。バンドが在りうる限りバカ騒ぎし続けると思います。（笑）

Tone Time Records / JHCB1001 / CD　　　　　（Kazoo / RECORDSHOP ZOO）

TIJUANA BROOKS
『Boncrats!』
JAPAN

仙台のTIJUANA BROOKSの2004年リリースのセカンド・アルバム！　彼ら独自のオイ・パンクmeetsスカなサウンドに仕上がっている。メンバー・チェンジなどもあり活動のペースを落としていたが、現在は定期的にライブを行い、新作の制作の準備もしているので楽しみである。

Diwphalanx / PX118 / CD　　　　　　　　　　　　　　（Disk Union）

THE 69 YOBSTERS
『Angel With Dirty Reggae』

JAPAN

東京を拠点に活動をしているスキンヘッド・レゲエ・バンド、THE 69 YOBSTERS の2008年リリースのアルバム。鍵盤の音色がたまらなく心地良いスキンヘッド・レゲエ・サウンドを収録。2013年10月には自主で7インチをリリースし、2014年にも7インチをリリース予定。渋谷HOMEでも企画を行っている彼らから、今後も目が離せない。

P-Vine Records / PCD-24199 / CD   (Disk Union)

LIKE A STUDENT
『No Revolution』

JAPAN

LEVEL UPから改名後、休止から最近またスローに活動中の名古屋の（ほぼ）ネオ・スカ・バンド。音源は普通だけどライブは楽しいはず。ボーカルのMASAはイジればイジるほど伸びるタイプ（笑）。このCDには入っていませんが「Pull Away」は名曲。ex. TOO MUCH TOO YOUNGの鍵盤のKENTA在籍。

Self / - / CD   (Kazoo / RECORDSHOP ZOO)

THE FATNESS
『Dear Madness』

JAPAN

MADNESSをはじめ2 Tone Recordsに在籍したバンドに絶大なる影響を受け2001年より活動中のバンド。ネオ・スカとは一味違った純な2トーン・サウンドにウッド・ベースが最高にクール！ そして踊れる！ アルバム未収録だけど、「Wicked Penn'」は激テンション上がります。是非ライブでリクエストを！

Rudeness Records / RUR070 / CD   (Kazoo / RECORDSHOP ZOO)

THE OLDTONES
『Too Late Lady』

JAPAN

大阪産9人編成のネオ・スカ・バンド。2013年作のファースト・アルバム。即売却した初回盤はDVD付いてます！ ネオ・スカ・サウンドをベースにしながらも独特のオルトンミュージック◎！ フロントのホーン隊とキーボード、ドラムまでもが女性（珍）！ さらにボーカルは、小さな体からは想像もつかない力強い歌声とキュート！ 女性ボーカル好きな方は必聴！

Mele Records / MELE-1007 / CD   (Kazoo / RECORDSHOP ZOO)

モアドモア
『星かけ橋』

JAPAN

日本のスカ・シーンに新風を送り込む、"ナニワの裏打ち乙女8人衆"、モアドモアのセカンド・アルバムが完成。ロカビリー、ジャズなどの要素を独自の解釈でスカ・サウンドに取り入れ、バラエティに富んだ内容となっている。

Mele Records / MELE-1005 / CD   (Disk Union)

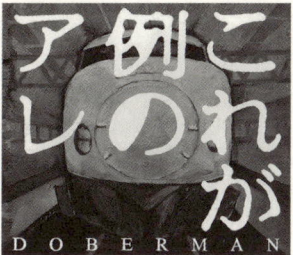

DOBERMAN
『これが例のアレ』

JAPAN

日本を代表するネオ・スカ・バンド、DOBERMANの結成15周年となる2013年リリースの6枚目の最新アルバム。真骨頂であるスカを基盤とし、変拍子、サンバ、ビート・ロック、バラード、オマージュ、青春・サウンド等、バラエティに富んだ楽曲を収録している。

Control Records / CTRL006 / CD   (Disk Union)

The DROPS' long-awaited new album is out now!

THE DROPS A' GO-GO

SIWI 253 THE DROPS A' GO-GO / The DROPS
2014.3.19 on sale ¥2,300+税

ワタルバスター作曲の力作ノウザン・ソウル・ダンサー、マーク林作詞・作曲によるシリアスなキラー・スカ・チューンを収録。ゲスト・ヴォーカルにTaiki.N/Mark HAYASHI、パーカッションにH.OiKAWAが参加！ボーナス・トラックにはSHIO-40によるダブ・ミックスが入った最新作!!

4曲入 7インチEP

SIWI 222 COLOUR DREAMS
SIWI 246 MIXED-UP, SHOOK-UP, GIRLS

Blue Beat Girl Group

1. Honie Honie Babie*
2. Tipsy Shoes
3. Dance with Black Tarantula*
4. I'm Dying for You
5. Ice Melts in the Sun
6. In the Street*
7. Somethin' Stupid
8. Carol of the Drops
9. Israelites
10. Baby, Now That I Found You
& BONUS TRACK   *album version

http://drops.lolipop.jp

LIFE SIZE ROCKSTEADY

生活と密着した歌をつむぐロックステディ

JAMAICA

CARLTON AND THE SHOES
『Love Me Forever』

Studio One / REGGAE-3947 / CD

CARLTON、DONALD、LYNFORDの三兄弟によるボーカル・グループ。60年代後半よりStudio Oneにて録音されたシングルをコンパイルしたファースト・アルバム。その後、リメイクをされまくったリズムとなる「Love Me Forever」を筆頭に、ロックステディを奏でるバンド・サウンドやコーラス・ワークに大きな影響を与えた名演が詰まっている。リード・ボーカルのCARLTON MANNING以外の兄弟は、その後グループを抜けABYSSINIANSとして活動。CARLTONのソロ・ユニットのようなカタチとなり、1979年には名曲「Give Me Little More」などを収録した『This Heart Of Mine』を発表。2011年には、73歳にして5枚目のアルバム『Heart Throbs』を発表。美しい歌声でラヴ・ソングを歌い続けている。

(宮内 健 / ramblin')

JAMAICA

川上つよしと彼のムードメイカーズ
『泡沫の日々』

Justa Records / Riddim Zone / RZCD 59271 / CD

東京スカパラダイスオーケストラのベーシスト、川上つよしがバンマスを務めるインスト・バンド。大石幸司、西内徹、秋廣真一郎、HAKASEらスカ／レゲエ界隈の腕利きが揃ったこのオールスター・ユニットは2001年に結成され、現在までマイペースな活動を続けてきている。結成当初こそ、ロックステディのちょっとB級なムード音楽的解釈がコンセプトだったが、次第とベルベット感は薄まり、今や下町酒場の枯れた風情が似合うようになってきているのが面白い。本作は"酒"をテーマにした構成で、冒頭から酒場を放浪する某番組のオープニング曲「Egyptian Fantasy」、YO-KINGをゲストに迎えた「酒とバラの日々」などのカバーから、酩酊を誘うオリジナル曲まで7曲の新録と、中納良恵、古内東子、ランキン・タクシーが参加したライブの実況録音を収録している。

(宮内 健 / ramblin')

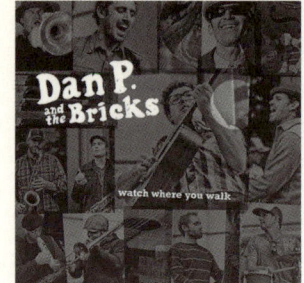

DAN P. AND THE BRICKS
『Watch Where You Walk』

U.S.A.

MU330のボーカルのDANとSLOW GHERKINのメンバーで結成されたTHE BRICKSのファースト・アルバム。Asian Man Records特有の心地良い空気感が表現されたロックステディ・サウンド収録！

Asian Man Records / AM224 / CD　　　　　　　　　　(Ska In The World)

THE PRIZEFIGHTERS
『Follow My Sound』

U.S.A.

2006年にミネアポリスで結成された男女混成7人組のスカ・バンド、THE PRIZEFIGHTERSのフル・アルバム。2010年作。トラディショナルなジャマイカン・スカ、ロックステディに甘酸っぱいソウルを加えた音を鳴らしている。マスタリングを、KING DJANGOが担当しておりニューヨーク・スカからTHE INCITERS等のソウル・リヴァイヴァル系好きなALL NITERまで、安心して踊る事の出来る優良品。

Jump Up Records / PFS001 / CD　　　　　　　　　　(Ska In The World)

ROCKER-T
『Alphabet City』

U.S.A.

ニューヨークを代表するシンガー、ROCKER-Tの久しぶりの新作。ロックステディ、ルーツ・レゲエ、ナイヤビンギを彼独特の歌いまわしで表現したアルバム。バック・バンドには、VICTOR RICEやKING DJANGO、VIC RUGGIERO、DAVE HILLYARDなど、ニューヨークのオールスター陣が務めているので、間違いない作品である。

Stubborn Records / STU0019 / CD　　　　　　　　　(Ska In The World)

THE VOID UNION
『Higher Guns』

U.S.A.

WESTBOUND TRAINのメンバー等で結成された、ボストンのTHE VOID UNIONの500枚限定の新作LP。A面は、パワフルなインストのジャマイカン・ジャズ・サウンドを収録。B面には、FISH BONEのANGELO MOOREやTHE SLACKERSのメンバーをゲストに迎えたボーカル・トラックを収録。THE SKATALITES、THE SLACKERSファンにオススメのセレクター&コレクター・マスト・アイテム。

Jump Up Records / JUMP97LP / LP　　　　　　　　　(Ska In The World)

COLIN GILES
『Dear Japan』
U.S.A.

ロスで活躍する人気プロ・サーファー、COLIN GILESのデビュー・アルバム。JACK JOHNSON、DONOVAN FRANKENREITERなどのサーフ・ミュージックから、CHRIS MURRAY、LEE EVERTONのなどのアコースティック・レゲエ・ファンにオススメ！ レゲエ・ミュージックを基調に、ロック、ソウル、ファンクそしてR&Bをミックスさせた心地良いオーガニック・サウンドをプレイする彼は、MONEY MARK (BEASTIE BOYS)、BEN HARPER、そして日本でもお馴染みの絶大な人気を誇るプロ・サーファーのTIMMY CURRANなどとも親交の深いアーティストである。

Ska In The World / SIWI146 / CD　　　　　　　　　(Ska In The World)

THE BULLETS
『Sweet Misery』
U.S.A.

THE AGGROLITESの鍵盤奏者ROGER RIVASが心地良いカリビアン・サウンドをメインに結成したニュー・バンド。THE AGGROLITESでもお馴染みのグルーヴィーなオルガン・サウンドに、心地良いソウルフルなレゲエ・サウンドがミックスされた夏にぴったりのカリビアン・サウンドが完成！ レゲエ・ファンから、ソウル、カリプソ、ロック・ファンまで幅広いリスナーにオススメの１枚。

Ska In The World / SIWI140 / CD　　　　　　　　　(Ska In The World)

CHRIS MURRAY COMBO
『Why So Rude』
U.S.A.

アメリカ西海岸シーンのカリスマ、CHRIS MURRAY COMBOの2008年リリースのCOMBO名義では初となるアルバム。彼らが敬愛するジャマイカン・ミュージックをストレートに表現した暖かい内容のアルバムある。エンジニアはVICTOR RICEが務めるなど、間違いない１枚である。

Ska In The World / SIWI96 / CD　　　　　　　　　(Ska In The World)

SATORI
『All That Matters』
U.S.A.

LINK 80のサックス奏者として活躍していたSTEVE BORTHが兼ねてから影響を受けていたジャマイカン・サウンドを演奏したデビュー作品。オリジナルの心地良いロックステディからレゲエまでバラエティに富んだサウンドを収録している。現在までに３枚のアルバムをリリースしており、どのアルバムも特徴のある作品に仕上がっている。

Ska In The World / SIWI65 / CD　　　　　　　　　(Ska In The World)

THE DEBONAIRES
『Movin'』
U.S.A.

アメリカ西海岸を拠点にソウルフルで心地良いサウンドをプレイするTHE DEBONAIRESの最新アルバム（2013年リリース／14曲収録）。彼らの実力を示すようにANGELO MOORE (FISHBONE)、CHRIS MURRAY、VIC RUGGIERO (THE SLACKERS)等、豪華なゲスト陣が参加している。

Ska In The World / SIWI221 / CD　　　　　　　　　　　(Shochang / BABYLONiX)

HEPCAT
『Out Of Nowhere』
U.S.A.

1989年から活動するアメリカン・スカ／レゲエ・シーンの生きた伝説。今作は1993年にMoon Recordsから発売されヒット。その後、永らく廃盤だったものを10年の時を経て、ボーナス・トラック追加、ブックレット増でHellcat Recordsより再発された。そしてまた10年語り継がれ、この本で紹介出来た。この先も語り継がれて行くべき名盤。

Hellcat Records / 80425/ CD　　　　　　　　　　　(松井聡太 / Uncleowen)

WESTBOUND TRAIN
『Come And Get It』
U.S.A.

Hellcat Recordsよりリリースされた4枚目のアルバム。このレーベルのスカ・バンドが出すワルいユルさが際立つ名盤。彼らの音はドラッグの入門編のようなものだ、とはレーベル談。まさにその通り。パンクスがこのドラッグをきっかけに、モヒカン頭を刈り落としてスーツ姿のワルになってもおかしくない程の中毒性、入り易さを持っている。

Hellcat Records / 805062 / CD　　　　　　　　　　(松井聡太 / Uncleowen)

GO JIMMY GO
『Go Jimmy Go』
U.S.A.

ハワイのホノルルを拠点に活動する、GO JIMMY GOの2008年リリースの4枚目のアルバム。この作品ではトロンボーンにRYAN KUNIMURA(ex. THE TANTORA MONSTERS)が参加していて、元来の心地良いロックステディにハードな部分もミックスされた新たな展開を見せた1枚である。

Ska In The World / SIWI112 / CD　　　　　　　　　　(Ska In The World)

MADDIE RUTHLESS
『Featuring The Forthrights And Friends』
U.S.A.

ニューオリンズのロックステディ・クイーンとして全米で注目を浴びているMADDIE RUTHLESSの本邦デビュー・アルバム！　日本限定で「Be My Baby」のカヴァー、THE SLACKERSのVIC RUGGIEROとのデュエットでRANCIDのTIMとLARS、VICで結成していたTHE SILENCERSの「Policeman」のカヴァーを収録！　弱冠23歳にしてエンターテイナー性に溢れたライブ・パフォーマンスと才能に満ちたソング・ライティングで、60年代のロックン・ロールにジャマイカン・サウンドをミックスさせたガレージ・ロックステディをプレイしている。

Ska In The World / SIWI188 / CD　　　　　　　　　　(Shochang / BABYLONiX)

DEAL'S GONE BAD
『The Ramblers』
U.S.A.

ジャマイカン・ミュージックにモータウン・サウンド&THE POGUESのようなパブ・ロック・サウンドをミックスした独特の心地良いサウンドをプレイする、2008年リリースの最新アルバム。心地良いジャマイカン・サウンドを基本にアコースティック～パブ・ロックまで素晴らしいメロディーが収録されている。

Ska In The World / SIWI62/ CD　　　　　　　　　　(Ska In The World)

THE INCITERS
『Soul Clap』
U.S.A.

サンフランシスコの大所帯ソウル・バンドの2012年作。アップ・テンポなノーザン・ソウルからスウィートなミッド・テンポのバラードまでを、ソウルフルな女性ボーカルが歌い上げる。エチオピア・ジャズの巨匠MULATU ASTATKEや、EDDIE FLOYDなど、ツボを突いたセンス抜群のカヴァーも必聴。モッズDJにもオススメ。

Jump Up Records / JUMP105 / CD　　　　　　　　　　(Shochang / BABYLONiX)

THE BEATDOWN
『Walkin' Proud』
CANADA

2013年に初来日も果たしたカナダの4ピース・スカ・バンドのセカンド・アルバム。THE SLACKERSのVIC風なボーカルがスキンヘッド・レゲエにのせてグッド・メロディを口ずさむ。人気と実力を兼ね備えたスケール感抜群の15曲収録。

Ska In The World / SIWI243 / CD　　　　　　　　　　(Shochang / BABYLONiX)

DREWVIS　　　　　　　　　　　　　　　U.K.
『Disposable Pleasures, And Meaningful Pursuits』

オーガニック、アコースティックをキーワードに、普遍的かつ牧歌的、さらに真夏の夜の海辺での情事や甘酸っぱい思い出を、想い起こさせずにはいられない程に澄み切ったメロディでもってスカ、ロックステディを鳴らすDREWVISの2011年作。

Do The Dog Records / DOGCD33 / CD　　　　　　　　(Ska In The World)

HOLLIE COOK　　　　　　　　　　　　U.K.
『In Dub』

2006年にSLITSが再結成した際にARI UPに次ぐセカンド・シンガーとしてステージを跳ねまわっていたTHE SEX PISTOLSのPAUL COOKの愛娘、HOLLIE COOK！ 2011年にリリースした彼女のファースト・フル・アルバム『Hollie Cook』を、LILY ALLENのエンジニアなども務める、プロデューサーのPRINCE FATTYがまるっとダブ加工した名盤。

Mr Bongo Records / 20820 / CD　　　　　　　　(Shochang / BABYLONiX)

THE SKINTS　　　　　　　　　　　　U.K.
『Part & Percel』

特集も掲載したイギリスの人気バンド、THE SKINTSの11曲入りファースト・アルバム。妖艶なメロディカの音色で幕を開ける超メロウな冒頭曲から始まって、本格的なジャマイカン・レゲエ、アップ・テンポなネオ・スカなど、聴きどころ満載のアルバムである。

Bomber Music / LC24673 / CD　　　　　　　　(Ska In The World)

PAMA INTERNATIONAL　　　　　　　U.K.
『Trojan Session』

過去2枚のアルバムで好セールスを記録した、ex. SPECIAL BEATのSEAN率いるPAMA INTERNATIONALのTrojanよりリリースの最新作！ 力の抜けた大人のゆる〜いソウルフルなジャマイカン・サウンドを収録。ゲストにはDAVE & ANSEL COLLIN、DERRICK MORGANなどのジャマイカン・レジェンドが参加！ 2014年には活動を再開し、ニュー・アルバムのリリースも予定している。

Trojan/ TJCCD325 / CD　　　　　　　　(Ska In The World)

JIMMY THE SQUIRREL
『Whatever The Weather』

U.K.

ノッティンガム・フォレストという、かつての名門クラブでお馴染みのイギリス・ノッティンガムのネオ・スカ・バンド。イギリスのインディー・バンドにも通じる酩酊なぶっきらぼうでいて大変にメロディアスな歌声が実に素晴らしく、ゆるくダブ処理したスカから高速スカ・ダンスに最適なダンス・ナンバーまでを収録。2010年作。

Do The Dog Records / DOGCD47 / CD　　　　　　　(Shochang / BABYLONiX)

MR. T-BONE
『The Best Of...』

ITALY

2009年にNYC SKA-JAZZ ENSAMBLEのトロンボーン奏者として、東京スカパラダイスオーケストラ主催のトーキョースカジャンボリーへの出演。そして、DERRICK MORGANを初め数々のビッグ・アーティストのトロンボーン奏者も務めるイタリアの実力派、MR. T-BONEの本邦デビュー・アルバム！THE SLACKERSやHEPCATのような心地良いソウルフルな曲から、THE AGGROLITESのようなファンキーな曲などHellcat Recordsファンにオススメの必聴盤！

Ska In The World / SIWI173 / CD　　　　　　　(Shochang / BABYLONiX)

THE PEPPER POTS
『Train To Your Lovers』

SPAIN

女性ボーカル・トリオがキュートな歌声を聴かせる、スペインのバンドです。本作は2011年発売の4枚目。1960年代のソウル・ミュージックへの憧れを自分達のフィルターを通して見事に形にした夢の世界が詰まっています。心弾む要素である、リズム、メロディー、ハーモニーに胸のときめきは増すばかり。モータウン・レコードでエンジニアを担当していた、BOB OHLSSONをマスタリング・エンジニアに迎えて、サウンドにも拘りをみせている。単なる模倣ではなく、ソウルへの愛がたくさん注がれたTHE PEPPER POTS流の夢の時間は素敵です。

Ska In The World / SIWI162 / CD　　　　　　　(礒野カツオ)

THE KINKKY COO COO'S
『Montjuic Boneyard』

SPAIN

アルバム・ジャケットからは想像できないドリーミーな60'sガールズ・ポップスを彷彿とさせるジューク・ボックスから流れてくるような雰囲気の曲が目白押しなんです。古き良きジャマイカの音楽に新たな息吹を吹き込んだスペインのバンド。リード・ボーカルの女性シンガーの歌声がキュートな最大級、惚れてしまいます。さらにコーラス・ワークが心地良い。大所帯のバンドなのに繊細でロマンティックでムーディ。日本での知名度は低いけれど、甘く切ない女性ボーカルのロックステディがお好きな方にお薦めいたします。

SKa In The World / SIWI58 / CD　　　　　　　(礒野カツオ)

BEGONA BANG-MATSU
『Have Fun』

SPAIN

2005年にリリースしたセカンド・アルバム、『I'm Thinking About You』はかなり衝撃を受けました。艶やかなボーカルにジャズ色の強いスカで一瞬にして虜になった思い出の一枚。本作はTHE SHAKE IT UP'Sとの共演。ミディアム・テンポのリズムが多く彼女の歌の魅力が充分に味わえます。聴く人の心を明るく照らし包み込む大きな歌は健在ですよ。一聴にして恋する歌唱の持主である彼女はスペイン出身のシンガー。粋なジャズ、スカ、ロックステディ、レゲエまで多彩な演奏も素晴らしく、歌もバンドも息がぴったり。温まりますね。

Ska In The World / SIWI185 / CD　　　　　　　　　　　　　　　　（磯野カツオ）

ROBEN LOPEZ AND THE DIATONES
『Roben Lopez and The Diatones』

SPAIN

スペインでMALARIANSやTHE PEEPING TOMSなどで活躍していた、ROBEN LOPEZのTHE DIATONES名義のデビュー・アルバム。スペインのファンの間では熱望されていたアルバムがようやく昨年リリース！ ソウルフルでスウィーティーなロックステディ・サウンドを収録した超名盤。

Liquidator / LQ054 / LP　　　　　　　　　　　　　　　　（Ska In The World）

HYPOCONDRIACS
『60's Rocksteady & Reggae』

SPAIN

スペイン初のスカ／ロックステディ・バンドであるHYPOCONDRIACSのベスト・アルバム。まさかの発掘音源！ なんと1969年頃からマドリードを中心に活動していると言うHYPOCONDRIACS。肝心の内容はと言うと、これが驚く程に素晴らしく、タイトル通りレイド・バックした60年代のロックステディやレゲエ・サウンドが中心で、とろける様に響くオルガンの音色と心地良さに身悶えしそうなリズム、そして甘過ぎないメロディが絶妙。

Self / OBG001 / CD　　　　　　　　　　　　　　　　（Ska In The World）

MOON HOP
『The Return To Tokyo』

FRANCE

フランスを拠点に長年活動を続ける、MOON HOPの日本編集ベスト盤。60年代のジャマイカン・サウンドを基本に、ソウルやサーフ・サウンドをミックスさせた幅広いサウンドをプレイしている。ボーカルのMARRINEのスウィーティーな歌声は特徴があり、ヨーロッパで話題になる。2010年には、新作もリリースした。

Ska In The World / SIWI48 / CD　　　　　　　　　　　　　　　　（Ska In The World）

THE STEADYTONES
『Heavy Impact』
GERMANY

ドイツのニュー・カマー、THE STEADYTONESの2013年リリースのデビュー・アルバム。女性ボーカル・スタイルでオーセンティック・ジャマイカン・サウンドをメインにプレイしている。時折見せるアーリー・レゲエやロックステディ・サウンドも心地良く、今後注目のバンドである。

Grover Records / GRO LP 119 / LP　　　　　　　　　　　　(Ska In The World)

BOBBY PINS AND THE SALOON SOLDIERS
『Dancing On The Moon』
GERMANY

ガールズ・トリオ・ボーカル・スタイルで心地良い60年代のジャマイカン・サウンドをプレイするドイツのBOBBY PINS AND THE SALOON SOLDIERSの本邦デビュー・アルバム！ ワールド・レゲエ・シーンで注目されている彼らの魅力の一つである、ガールズ・トリオ・ボーカルのコーラス・ハーモニーに注目！ 心地良いロックステディ、ファンキーなレゲエ・サウンドなど60年代当時のサウンドを表現している。

Ska In The World / SIWi143 / CD　　　　　　　　　　　　(Ska In The World)

BABYLOVE AND THE VAN DANGOS
『Let It Come, Let It Go』
DENMARK

ソロ・シンガーとしても十分通用するであろう卓越した歌唱力を持つ、BABYLOVE率いるデンマークのスカ／ロックステディ・バンドの4枚目のアルバム。切なげなメロディ、涙腺を刺激するロックステディなど、実に多彩なメロディで聴き手を踊らせ泣かせる一枚。メロディカやオルガンが絶妙なアクセントで効いている。

V.O.R. / VORLP230 / LP　　　　　　　　　　　　(Ska In The World)

MOON INVADERS
『The Fine Line』
BELGIUM

過去作はTHE SLACKERSのVIC RUGGIEROがプロデュース。THE CAROLOREGIANSとしても活躍するMATTEW HARDISON率いるベルギーのMOON INVADERSの4枚目のアルバム。60'sテイストのクラシカルなスカやロックステディに、ソウル等の要素も練り込まれ、グッド・メロディのボーカルとコーラス・ワークが絶妙。

Grover Records / GROCD116 / CD　　　　　　　　　　　(Shochang / BABYLONiX)

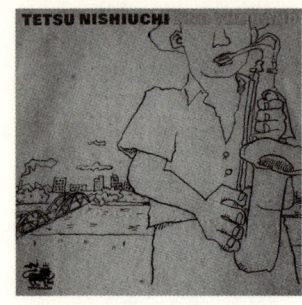

西内徹バンド　　　　　　　　　　　　　　　　　　　　JAPAN
『Tetsu Nishiuchi And The Band』

REGGAE DISCO ROCKERS、COOL WISE MANでの活動をはじめ、数多くのセッションにも引っ張りだこ。神出鬼没に現れては、ぶっ太いブロウを吹き鳴らし、艶やかなフレーズで濡らすサックス／フルート奏者の、50歳にして初のリーダー・アルバム。こだま和文を迎えたスカ「Exodus」、松竹谷清の歌をフィーチャーした「夕日は昇る」(友部正人カバー)など、申し分ない聴きごたえ。

Positive Productions / HMS-71 / CD　　　　　　　　　(宮内 健 / ramblin')

FRISCO　　　　　　　　　　　　　　　　　　　　　JAPAN
『Good Night, Sleep Tight, Young Lovers』

ペダル・スティールを擁した編成でロックステディを奏でるインスト・バンド。2011年に発表した5枚目のアルバムは、そのユニークなアンサンブルと同様、ヒネリの効いたアレンジで聴く者をニヤリとさせる。白眉なのはRickie-Gをゲストに迎えたボーカル曲。「I'm Still In Love With You」のオケにJAMIROQUAI「Virtual Insanity」をマッシュアップさせるとは！

Smokey Branch / SMBR1511 / CD　　　　　　　　　　(宮内 健 / ramblin')

TUFF SESSION　　　　　　　　　　　　　　　　　　JAPAN
『Tuff Good』

ヴァイオリン片手に真っ直ぐな歌を聴かせる内田コーヘイを中心に結成。ルーツ・ロックからロックステディ、初期ダンスホールと、ジャマイカ音楽への愛情をファウンデーションとしたサウンドにのせ、日々の暮らしに生まれる想いを詩情豊かに紡いでいく。2008年にリリースされた、3枚目のフル・アルバムとなる本作は、リード曲「あなたが傍に」を筆頭に"今を生きる"歌を、ナチュラルに歌い上げていく。

徳間ジャパン / TKCA73342 / CD　　　　　　　　　　(宮内 健 / ramblin')

SOULCRAP　　　　　　　　　　　　　　　　　　　　JAPAN
『'Too Hot' Road!』

スカ、レゲエ、ソウル、R&BにR&Rを、強烈なオリジナリティで演奏する日本屈指のバンド、Soulcrapの3枚目にして初のコンセプト・アルバム。ロス、メキシコ、ニューオーリンズ、メンフィス、N.Y、ジャマイカなど、実体験を元に作られたコンセプトと、それに沿った楽曲の数々は珠玉の名曲ばかり。

Ska In The World / SIWI190 / CD　　　　　　　　(Shochang / BABYLONiX)

WHAT'S LOVE?
『Wa-Yo Ska? 〜 On-Ko-Chi-Shin 〜』
JAPAN

ボーカルのマッツとドラムのAGを中心に、1997年に結成された"歌謡スカ"バンド。不思議と懐かしさがこみ上げるメロディとコブシが軽く回った歌声で、男のロマンを歌い上げる無二のスタイルを築いた。本作は、和物DJとしても活躍する吉沢Dynamite.JPをプロデュースに迎え、洋楽ポップスの名曲群を日本語詞に超訳して歌った異色作。CHAN-MIKAら旬な女性陣もゲスト参加。

メディアファクトリー / FAMC102 / CD　　　　　　　　　　（宮内 健 / ramblin'）

SKA-9
『Baaad』
JAPAN

POWER HOUSEやTHE MOJOSの活動でも知られる横浜の伝説的シンガーCHIBOWと、日本のレゲエを支えてきたベース奏者KUUBOを中心に結成。西内徹、Icchie、Yossy、森俊也、秋廣真一郎ら豪華な面々が揃った、2010年発表のファースト・アルバム。筋金入りのルードさからにじみ出る、惚れ惚れするほどのロマンチシズム。男も濡らす、大人のブルービート。

Alpha Enterprise / CBGK-009 / CD　　　　　　　　　　（宮内 健 / ramblin'）

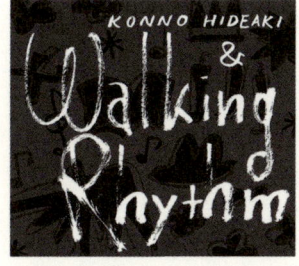

今野英明 & WALKING RHYTHM
『Walking Rhythm』
JAPAN

ROCKING TIMEのボーカリストとして人気を博した今野英明が、FULL SWINGやバロンと世界一周楽団、The eskargot milesのメンバーらと結成した新バンド。初のアルバムでは、リード曲「希望的観測」を筆頭とするロックステディをはじめ、ブルースやソウル、ファンク、ニューオーリンズなど自らのルーツを掘り下げながら真っ直ぐな言葉を朗々と歌い届けてくれた、待望のアルバム。

VIVID SOUND/ High Contrast / HCCD9539 / CD　　　　　（宮内 健 / ramblin'）

RISINGTONES
『Sound Flight』
JAPAN

ボーカル・ドリーを中心に2001年に結成された、ロックステディ・バンド。本作は名曲「積恋雪岬」を収録した、2006年発表のセカンド。力強くもあたたかみのあるグルーヴに乗る歌声は、ハナレグミあたりと同列に語られてもおかしくないほどに魅力的。センシティヴなリリックも心に染みる。2009年に突然活動休止を発表した彼らだが、2012年にライブ活動を再開。新作の発表が待たれる。

ジェネオンエンタテインメント / GNCL-1045 / CD　　　　　（宮内 健 / ramblin'）

ハンバート ハンバート × COOL WISE MAN
『ハンバート・ワイズマン！』
JAPAN

カントリーやアイリッシュを咀嚼し、新たな日本のフォーク音楽を生み出すハンバート ハンバートとスカ・バンドCOOL WISE MANのコラボ盤。牧歌的なスカに生まれ変わったハンバートの「おなじ話」や、日本語詞がつけられたCWMのダブ「狼煙」の驚きのセルフ・カヴァーはもちろん、宇宙人ネタSFスカ「23時59分」など遊び心に富んでいる。奇跡的な相性の良さが生んだ、歌モノ・スカの大傑作。

UNIVERSAL J / UPCH-1880 / CD　　　　　　　　　　　　　（宮内 健 / ramblin'）

光風 & GREEN MASSIVE
『報いの唄』
JAPAN

COOL WISE MANの浜田光風率いるバンドの2作目。レゲエ、ロックステディを基盤としつつレベル／ルーツ・ミュージックを鳴らす。「櫻」や「鬼灯」と言った曲で日本人の美学の様な物を垣間見せて涙させ、「Summertime」のカバーや「Yellow Moon」と言った曲で心地良くピースな気分にさせてくれる。

Expart Recording / EX001 / CD　　　　　　　　　　　　（Shochang / BABYLONiX）

BON DX
『Day By Day』
JAPAN

鹿児島産のピースなアコースティック・スカ・バンド。2011年作。ARTSのBON氏のソロユニット。BON氏のヴォーカルが、どこか哀愁を感じて、そして、たまらなく気持ち良い。BEN E. KINGの大名曲「Stand By Me」のカヴァーあり。

Irie Label / SHELB002 / CD　　　　　　　　　　　　（Kazoo / RECORDSHOP ZOO）

LIKKLE MAI
『MW』
JAPAN

DRY & HEAVYの活動でも知られる、女性シンガー。2007年発表のセカンド・ソロ・アルバム。ジャマイカ音楽の多岐に渡る魅力を全身で表現してきた彼女だが、本作収録の「Home Sweet Home」では生音のバンド・サウンドを前面に打ち出した、珠玉のロックステディを聴かせる。The Kのアコースティックギターが映える、「The Harder They Come」のカヴァーも。

MK STARLINER / MKD-001 / CD　　　　　　　　　　　　（宮内 健 / ramblin'）

BAGDAD CAFE THE TRENCH TOWN
『The Best of Bagdad Creations』
JAPAN

I-THREESを彷彿させる女性コーラスがフロントに立つ、大所帯のレゲエ・バンド。結成10周年を記念してリリースされた、初のベスト・アルバム。新たにレコーディングした過去のナンバーに加え、ライブ音源と新曲で構成。ベスト的内容でありながら、バンドの現在をパッケージした意欲的な作品となっている。

Victor Entertainment / VICL-63561 / CD　　　　　　　　　　（宮内 健 / ramblin'）

THE 9 MILES
『Someday』
JAPAN

CLUB SKAのDJとしても知られる花田と、女性ボーカルのYASUCOを中心に結成。2010年にリリースのサード・アルバムは、ロックステディ〜ラヴァーズ・ロック、ルーツ・レゲエをファウンデーションとしたボトムの効いたサウンドに、YASUCOの透明感あふれる歌声が美しく溶けていく。メンバー・チェンジを経た現在も、マイペースに活動中。

Ska In The World / SIWI 127 / CD　　　　　　　　　　（宮内 健 / ramblin'）

Mestizos y Cumbia Músicos de Extremo Oriente
極東混合音楽侍集

スカ好き必聴!!
クンビア・メスティーソを標榜する
極東のアーティスト一大集結コンピ、遂に発売。
〜これは、Skaville Japan以来の事件だっー!!〜

参加アーティスト
afro BOOGALOO SKA ACADEMY -東京-
KATUSI from EL SKUNK DI YAWDIE &EXTRAVAGANZA
feat. CHAN-MIKA+長崎真吾 -岩手・横浜-
OBRIGARRD (HAZU main pass) -名古屋-
La Cumbia Del Sol -台北-
LITTLE MASTA -那覇・川崎-
¡YABASTARDS! -コザ-
THE ZOOT16 -東京-
Rojo Regalo -大阪-
EKD -東京-
SKYLARKING -名古屋-
民謡クルセイダーズ -東京-
DUB BASTARDS -東京-

2014.2.5 ON SALE!!

Mestizos y Cumbia Músicos de Extremo Oriente
〜極東混合音楽侍集〜
☆Various Artists
1800円(WITHOUT TAX)
Label: MECALIC SOUND/MS-002
http://www.skaintheworld.com/
http://mecalicsound.ti-da.net/

MECALIC SOUND

LIFE SIZE ROCKSTEADY - 生活と密着した粋をつむぐロックステディ -

MADDIE RUTHLESS

SPECIAL INTERVIEW Nº 07

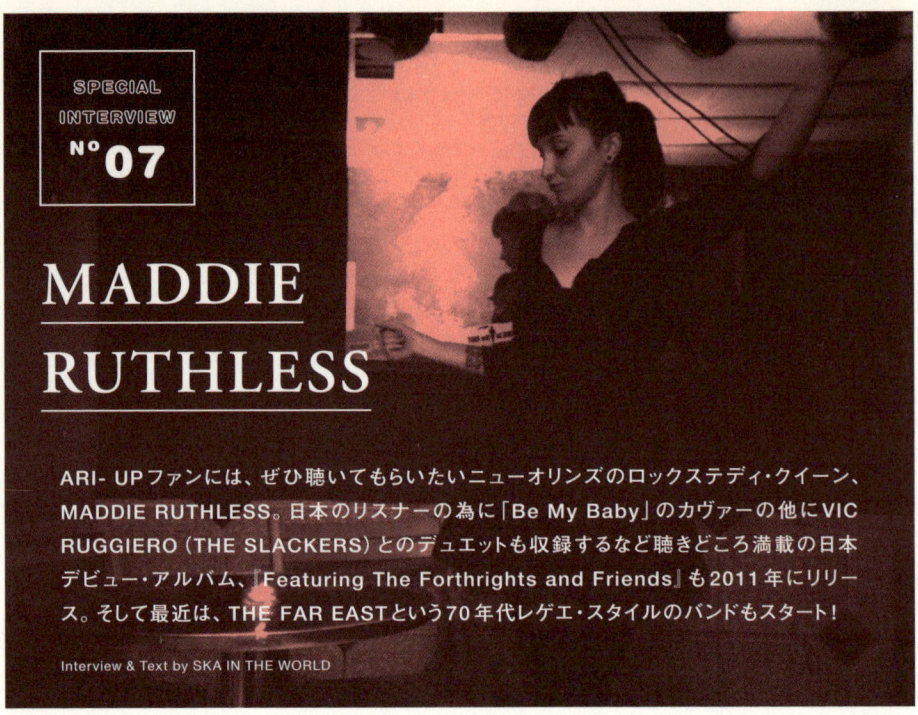

ARI-UPファンには、ぜひ聴いてもらいたいニューオリンズのロックステディ・クイーン、MADDIE RUTHLESS。日本のリスナーの為に「Be My Baby」のカヴァーの他にVIC RUGGIERO（THE SLACKERS）とのデュエットも収録するなど聴きどころ満載の日本デビュー・アルバム、「Featuring The Forthrights and Friends」も2011年にリリース。そして最近は、THE FAR EASTという70年代レゲエ・スタイルのバンドもスタート！

Interview & Text by SKA IN THE WORLD

——まず初めに日本のリスナーに自己紹介をお願いします。

　Hello Japan!!　ニューオリンズのロックステディ・クイーンのMADDIE RUTHLESSよ。ロックステディ、レゲエ、スカをプレイしているアーティストで、ニューオリンズやロサンゼルスで活動しているんだけど、今はニューヨークのブルックリンを拠点に活動しているわ。他にもTHE FAR EASTというバンドのギターもやっていて、ニューヨークとニューオリンズでダンスホール・レゲエのパーティーもオーガナイズしているの。

——スカ・ミュージックを始めたきっかけを教えてください。

　幼い時に2トーンに夢中になったの。その頃はロンドンに住んでいたから家族が聴いていたのを耳にして興味を持ったのよ。その後色んなアーティストに出会ったり、ロックステディのレコードを集めるようになってからは生活が変わったわ。完全にジャマイカン・ミュージックの虜になったの。

——ミュージシャンとして、どのようなアーティストに影響されましたか？

　THE ETHIOPIANSとTHE KINGSTONIANSの2つのバンドに大きく影響されたわ。レーベルで言えば、Studio Oneね。あとTHE SEEDS、THE 13TH FLOOR ELEVATORS、THE SHANGRI-LASなどの60年代のガレージ・ロックやガールズ・グループにも影響を受けたわ。

——**Ska Is Dead**の7インチシリーズで**THE SLACKERS**のボーカルの**VIC RUGGIERO**とコラボ作をリリースしていますが、コラボすることになったきっかけを教えてください。

　VICのことはTHE SLACKERSを通して昔から知っていたし、彼はニューオリンズに住んでいたのよ。だからとても親しい友達なの。彼はTHE FORTHRIGHTSに曲を提供してくれたり、一緒にツアーもしてくれて、THE FORTHRIGHTSと私のソロのために、たくさんの事を教えてくれたわ。ある日彼が私達に「The Policeman」のカヴァーやらない？　とオファーしてくれたの。それに私には曲がパンクでクラシックすぎるのでダンスホールの歌詞をつけようと言ってくれたのよ。Hellcat Recordsのコンピレーションに THE SILENCERSとして収録されているトラックにダンスホールの歌詞をつけることが出来て嬉しかったわ。

——**2011年には THE FORTHRIGHTS**に加入しましたが、当時ライブやレコーディングなどで彼らをバック・バンドに起

用したきっかけを教えてください。

　THE FORTHRIGHTSと私は昨年の春に1ヶ月かけて全米ツアーをしたの。そのツアーでお互いにたくさんの事を学んだし素晴らしい経験になったわ。影響された音楽やアーティストがとても似ていることが分かったし、それで一緒に何かやろうという言うことになって最近、私はギターで入ったのよ。

——2011年には日本盤『Featuring The Forthright and Friends』をリリースしましたが、アルバムの中でお気に入りの曲を教えてください。

　すべての曲に思い入れがあるけれど、「Sympathy」が特に好きだわ。私は60年代のガールズ・グループとTHE TRAGEDYの歌詞が大好きなの。だから情緒的にTHE SHANGRI-LASとTHE ETHIOPIANSの間のようなものを作ろうと心掛けたの。この曲ではそれができたと思うわ。

——VIC RUGGIERO（THE SLACKERS）とJACK WRIGHT（THE FORTHRIGHTS）とアコースティックEPもリリースしましたがアコースティック・スタイルでライブも行っていますか？

　時々アコースティックも演っているわ。ちょっとね。3人でのアコースティック・ショーはとても楽しかったけれど、VICはとても忙しいし、私とJACKはTHE FORTHRIGHTSの活動に重点を置いているから、今後の予定は決まっていないの。アコースティックEPは、20世紀初期のアメリカの曲をカヴァーしたカヴァー集よ。

——THE SLACKERSのインタビューでVIC RUGGIEROが「最近のニューヨークのシーンには若くて良いバンドがいくつかいる」と言っていましたが、最近のニューヨークのシーンはどうですか？　また、お気に入りのバンドはいますか？

とても良いわよ！　常にシーンは活気づいているし、変化していているし、成長していると思うわ。私たちはレギュラーのパーティーをオーガナイズしているのでパーティーを通して、それを感じているわ。良いバンドもたくさんいるわ。例えば、レゲエならex. THE SLACKERSのMUSH ONEがやっているTOP SHOTTA。そして、私の親友がやっているTHE FRIGHTEBERS。彼らとはよく一緒にショーをやっているわ。他には、BIG BOSSもお勧めよ。レゲエ以外では最高のガレージ・ロック・バンドもたくさんいて、よくCHINA LIBREのショーに行ってるわ。

——オールタイム・フェイヴァリットなスカ・アルバムを3枚あげてください。

　ROY SHIRLEY ANTHOLOGY『Music Is The Key』
　SLIM SMITH『Just A Dream』
　THE KINGSTONIANS『Sufferer』

——最近の活動状況を教えてください。

　THE FAR EASTという70年代レゲエ・スタイルのバンドを始めたの。最近、Tea Factory Soundsから『Youth Man』という7インチ・シングルをリリースしたわ。今後は地元でたくさんツアーを行った後、アメリカ全土をツアーできたら良いわ。そして、曲もたまってきたから音源もリリースしたいと思っているわ。以下で私たちのサウンドが聴けるからチェックしてね。

→ https://soundcloud.com/teafactorysounds/youthman

——この本は、これからスカを盛り上げていくミュージシャンやDJ、そしてリスナーも多く読んでいます。そんな彼らに向かって一言お願いします。

　いつか私のロックステディ・サウンドをみんなとシェアしたいわ！ Nuff Respect from the Brooklyn Massive and Crew! One love massacre!!! cheers!

MADDIE RUTHLESS
『Featuring The Forthrights and Friends』
(Ska In The World Records / SIW1188)

MADDIE RUTHLESS

ニューオリンズ出身のシンガー、ソング・ライター、Dee Jay。レゲエ、ロックステディそしてダンスホールに夢中になり現在24歳の彼女は、ほとんどの時間をそれらに費やしている。そして、アナログ・レコードの収集力はすさまじいものであり、Dee Jayイベントもオーガナイズしている。彼女のステージングは、ニューオリンズの伝統的なマナーを軸にとてもエンターテイナー性に溢れており、ニューオリンズのロックステディ・クイーンと絶賛されている。現在は、ブルックリンに拠点を移し、THE FAR EASTという70年代レゲエ・スタイルのバンドをスタートしてボーカル＆ギターを務めている。

maddieruthless.wordpress.com

WORLD WIDE HYBRID SKA

世界各地のビートを吸収した新しいスカ

東京スカパラダイスオーケストラ
『Walkin'』

JAPAN

2014年にデビュー25周年を迎える、名実ともに日本を代表するスカ・バンド。2012年にリリースされた、通算16枚目のフル・アルバム。ジャンルや国境を股にかけて"歩いて"きた彼らが、好きな人たちと好きなことを好きなようにやって生まれた、解放感あふれる傑作。上原ひろみ、菊地成孔をそれぞれ迎えたセッション曲は、圧倒的なプレイの応酬が繰り広げられてる。また、ANGELO MOORE (FISHBONE) やMANU CHAOなど、ワールドワイドのコネクションから生まれたコラボも収録。特筆すべきは中納良恵 (EGO-WRAPPIN') を迎えた「縦書きの雨」。これまでに多くのボーカリストと歌モノ・ナンバーを送り出してきた彼らだが、この曲は過去最高と言ってもおかしくないほどに美しい、珠玉のラヴァーズ・ロックだ。

cutting edge / CTCR-14755 / CD

(宮内 健 / ramblin')

FISHBONE
『Fishbone live』

U.S.A.

レッチリとの交流も深い、1979年に結成されたロサンゼルスの黒人ミクスチャー・ロック・バンド、FISHBONE。ソウルフルでハイ・テンションなスカ・サウンドを中心にデビューするが、90年代にはオリジナル・メンバーの大半がやめてしまい、少しダークなサウンドへと向かう…。しかし2005年、アメリカで久しぶりに見た彼らのライブで、感動の涙を流しながらスカ・ダンスしている自分がいた（笑）。スキル・パフォーマンスのクオリティーが高すぎる若手新メンバーたちがレジェンド達に新たな命を吹き込み、ステージとフロアがポジティブ・エネルギーで渦巻いていたのだ。その魔法のような絶妙なパワーは、2008年にフランスで行われたこのライブ音源に詰まっている。YaBAAAAAAY!!!

Pony Canyon / PCCY-01914 / CD+DVD

(REI MASTROGIOVANNI)

MANU CHAO
『Clandestino』

U.S.A.

Virgin France / 8457832 / CD

HOT PANTS、MANO NEGRAと言った後世に名を残すバンドを経たMANU CHAOが、記念すべきファースト・ソロ・アルバムとして1998年にリリースしたのが今作。MANO NEGRAでの狂宴的とも言える音楽性を塗りつぶすかの様な、実にシンプルなフォルクローレやルンバ、ラテン、フラメンコ、そしてロック等をミクスチャーしたサウンドに歌を紡いだ今作は、今尚たくさんのミュージシャンに影響を与え続け、世界中で無数のファンを生み出し続けているREBEL MUSICにおけるマスター・ピース。

(Shochang / BABYLONiX)

THE TROJANS
『Ala-Ska』

U.S.A.

Ska In The World (JPN) / SIWI131 / CD

スカにアフロ、ブルース、ケルト音楽を加え、フュージョンさせたGAZ MAYALL率いるバンドのファースト・アルバム。彼らの代名詞でもある美空ひばりの曲を日本語カヴァーした「リンゴ追分」は本作収録。このアルバムでの手応えを元に、その後ケルト音楽の楽器、要素を更に取り入れ、これまた名盤『Celtic Ska』を完成させることとなる。

(松井聡太 / Uncleowen)

VERY BE CAREFUL
『Escape Room』

U.S.A.

あのジョー・ストラマーも惚れ込んだクンビアのバンド。フジロックや朝霧ジャム等で来日経験も豊富。シンプルな楽器構成、シンプルな曲調ながら、こんなにもパッション溢れ、熱気と汗を音から吹き出させるバンドはいないでしょう。時折クンビアのことを人力トランスと呼ばれる所以も、彼らの音を体験すれば分かるでしょう。

Uncleowen / UNCL015 / CD　　　　　　　　　　　　　　　　　(Rockin' Owl)

ARI UP & VIC RUGGIERO
『Rare Aingles And More…』

U.S.A.

THE DROPSに入って、ポピュラーなドラム・キットで演奏することになった俺が参考にしようと思ったドラマーはBUDGEだった。理由は、女性に混じってひとりでやってるドラマーを他に知らなかったから。音も気に入っていたが、選択ミスだった、上手過ぎた。（中略）ARI UPだけで言うならNEW AGE STEPPERSの方が好きだった。でもこのミニ・アルバムは、ぐっと身近になった（今さらだが）ARIが聴ける奇跡のような作品だ。まずVICに感謝する。出してくれたアキラにも。

Ska In The World / SIWI157 / CD　　　　　(Miyolino - The Drops / Blue Beat Players)

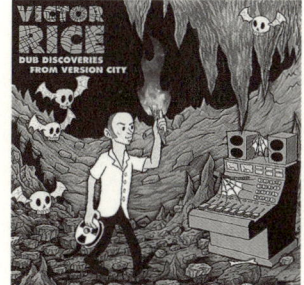

VICTOR RICE
『Dub Discoveries From Version City』

U.S.A.

現在の世界のスカ・シーンを代表するエンジニアの一人と言っても良い、ニューヨークのVICTOR RICEがStubborn Recordsの20周年を記念して過去に同レーベルからリリースしたSTUBBORN ALL STARS、WESTBOUND TRAIN、ROCKER-T、THE RADIATION KINGS、KING DJANGOなどの作品をダブ・ミックスした13曲収録のアルバム！

Stubborn Records / STU0025 / CD　　　　　　　　　　　　(Ska In The World)

KING DJANGO QUINTET
『Brooklyn Hangover』

U.S.A.

世界中で人気のレゲエ・シンガーのMATISYAHUに影響を与えたクレズマ・ミュージックのパイオニア、KING DJANGOのQUINTET名義でのアルバム。ユダヤ・ミュージックmeetsレゲエ・ミュージックでTHE SLACKERS、WESTBOUND TRAINなどのHellcat Recordsの人気アーティスト、そしてRANCID、MURPHY'S LAWなどでもゲスト・プレイヤーを務めるなど幅広いジャンルのアーティストに影響を与えている彼ならではのバラエティに富んだ楽曲を収録。

Ska In The World / SIWI142 / CD　　　　　　　　　　　　(Ska In The World)

THE PIETASTERS
『All Day』

U.S.A

The Godfather Of Soul！ JAMES BROWNのバック・バンドも務めたアメリカン・スカ・バンドの重鎮、THE PITASTERSの日本盤限定ボーナス・トラック3曲を含む2007年リリースの最新作。JAMES BROWNのエンジニア、TODD HARRISがプロデュースし、TEENNAGE FANCLUBのカヴァーを収録など話題満載で、心地良いカリビアン・サウンドから60'sモータウン・サウンドが収録されている。スカ&パンク・ファンだけでなくワールド・ミュージック・ファンにもオススメなアルバムである。

Ska In The World/ SIWI79 / CD　　　　　　　　　(Shochang / BABYLONiX)

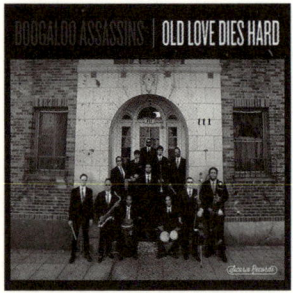

SEE SPOT
『The Robbery』

U.S.A

ジャマイカン・ソングに ラテン・テイストをミックスした心地良いサウンドをプレイするロスアンゼルスの重鎮、SEE SPOTの2008年リリースのアルバム。心地良いジャマイカン・チューンにラテン・テイストをミックスしたJUMP WITH JOEYやHEPCATファンから日本のCOOL WISE MANファンにもオススメのグレート・サウンド！ ライナー・ノートは彼らと親交の深いHIROSHI BROWN (Oi-SKALL MATES/RUDE BONES) が執筆。

Ska In The World/ SIWI97 / CD　　　　　　　　　(Ska In The World)

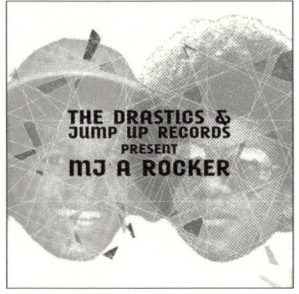

BOOGALOO ASSASSINS
『Old Love Dies Hard』

U.S.A

ワールド・ミュージック・ファン必聴のロサンゼルス発ブーガルー・バンドが登場！DAWN PENNの「No, No, No」のブーガル・カヴァーからサルサ、ラテン・サウンド、ジャジーなインストまで彼らオリジナルのダンス・ミュージックを収録した、デビュー・アルバム。フジロックにも何度も出演しているVERY BE CAREFULやCHRIS MURRAY COMBO、SEE SPOTなどロスアンゼルスの実力派ミュージシャンも在籍し、2010年と12年には、アメリカ西海岸で有名なオレンジ・カウンティのミュージック・アワードのラテン部門でベスト・ラテン・バンド・ショウを受賞している。

Ska In The World/ SIWI245 / CD　　　　　　　　　(Ska In The World)

THE DRASTICS
『MJ A Rocker』

U.S.A

初期は強烈にTHE SKATALITESに影響を受けたジャマイカン・サウンドをプレイしていたが、最近ではダブやヒップホップなども演奏するシカゴの中堅バンド。今作は、MICHAEL JACKSONのヴォーカルをサンプリングに使用したカヴァー・アルバムで、MJのジャマイカン・スカ・アルバムといってもよい内容の必聴盤！

Ska In The World/ SIWI221 / CD　　　　　　　　　(Ska In The World)

THE DREADNOUGHTS
『Polka's Not Dead』 CANADA

「ポルカは死んでねえ！」そう声高らかに言い放ち、アイリッシュ・パンク、ジプシー・パンク新時代の幕開けを宣言したカナダのフォーク艦隊。日本でも人気の高いアイリッシュ・パンク・バンド、SIOBHANのメンバーを中心に結成された彼ら。こちらは以前よりも、より攻撃的パンク・サウンドに進化した新しい音と言えるでしょう。

Uncleowen / UNCL041 / CD   (Rockin' Owl)

BABYHEAD
『Heavy Weather』   U.K

"UK REGGAE GUIDE"を筆頭に英国のメディアがこぞって絶賛したと言うブリストル発のレゲエ・バンドの3rd。ダンスホール、UKダブ、ラガ、スカをクロス・オーバーし、生音とエレクトロを絶妙に使い分けた革新的なサウンド。同郷の先輩であるPORTISHEADのState Of Art Studioでの録音。

Rockers Revolt / RRHIT12CD / CD   (Shochang / BABYLvONiX)

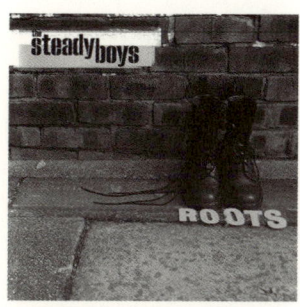

THE STEADY BOYS
『Roots』   U.K

オイ・パンクやストリート・パンク、70'sパンクのサウンドに、スカやレゲエの要素を落とし込む佇まいが、THE CLASHやRANCID, THE ORDINARY BOYSに通じるUKの3ピース。荒々しく鮮烈な演奏と、瑞々しくワーキング・クラス色がプンプンのボーカルとコーラス・ワークがカッコイイ。メロディも抜群。

Do The Dog Music / DOGCD41 / CD   (Shochang / BABYLvONiX)

RÄFVEN
『Svensk Kultur』   SWEADEN

ホーン隊やヴァイオリン、アコーディオン、パーカッションを含む８人メンバーが織成すジプシー、フォーク・ロック／スウィング・バンドの４枚目のアルバム。北欧トラッドや東欧クレズマー音楽を混ぜた無国籍フォーク音楽に、まるでサーカスの様なステージ・パフォーマンスを武器に、日本でもフジロックでの活躍等で注目を浴びる一団。

Uncleowen / HUCD10100 / CD   (Rockin' Owl)

SIR REG
『This Is Sir Reg』

SWEADEN

スカンジナビア半島はスウェーデンのアイリッシュ・ロック／パンク・バンド、SIR REG（サー・レッジ）によるデビュー作。ヴァイオリン、ティンホイッスルといったアイリッシュ伝統楽器が奏でるコーラスは、深緑の森からダブリンのパブを経由し、やがて今まで聞いたこともない美しいメロディーへと昇華していく。

Uncleowen / UNON002 / CD   (Rockin' Owl)

MALLACAN
『Mar De Sueños』

SPAIN

2010年のフジロックのオレンジ・コートにて砂埃を巻き上げ、派手な日本デビューを飾った、スペインはアラゴン州のメスティーソ（混血）バンド。今はもう失われかけている母国語、アラゴン語を駆使し、スペイン地方の独特なバグパイプ、ガイタを武器に踊り、戦う戦士達が叫ぶ宴の音楽。

Uncleowen / UNCL031 / CD   (Rockin' Owl)

OBRINT PAS
『Coratge』

SPAIN

2011年に来日し、BRAHMANやTURTLE ISLANDとも共演したバレンシアのメスティーソ・バンドの2007年作。キャッチーで強靭なメロディのスカ・パンクやレゲエ、ルンバに、バレンシアの伝統楽器ドルサイナとホーン・セクションの音色が色を添える。彼らは全作素晴らしいのでぜひコンプリートを。

Japonicus Disco / JAIP2502 / CD   (Shochang / BABYLONiX)

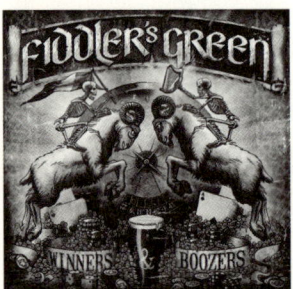

FIDDLER'S GREEN
『Winners & Boozers』

GERMANY

1990年頭から活動するアイリッシュ・パンクの中でも人気と実力を兼ね備えたベテランによる12枚目のアルバム。アイリッシュ・トラッド、フォーク・メタル、アイリッシュ・パンク、これら全てを高速に混ぜて完成させた自身のサウンドに、彼らはスピード・フォークという名を付けた。その魅力が惜しげ無くぎっしりと詰まった大傑作。

Uncleowen / HUCD-10148 / CD   (松井聡太 / Uncleowen)

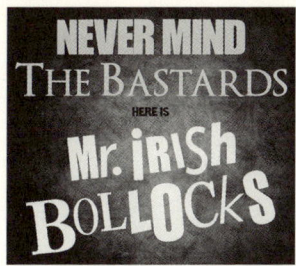

MR. IRISH BASTARD 　　　　　　　　　GERMANY
『Never Mind The Bastards - Here is Mr.Irish Bollocks』

アイルランド人のTHE IRISH BASTARD (Vo,Gt) 率いるドイツのアイリッシュ・パンク。同じくアイリッシュのJONNY ROTTENに敬意を示し、パンク史に残るTHE SEX PISTOLSの名作『勝手にしやがれ』を丸ごとカヴァー。バンジョーやティン・ホイッスルを取り込みアイリッシュ・パンクに仕上げている。

Uncleowen / UNON 007 / CD　　　　　　　　　　　　　　(Rockin' Owl)

MATE POWER　　　　　　　　　　　　GERMANY
『Volteando Fronteras』

フランクフルト出身のラテン・スカ・ミクスチャー・バンド。メンバーはアルゼンチン、コロンビア、ドイツ出身という多国籍編成。思わず踊り出してしまうラテンのメロディーと愛嬌あるスペイン語のボーカルは、聴き手の感情を大きく刺激する。曲調やメロディから何故か懐かしさを感じてしまう。非常に日本を感じる作品。

Japonicus Disco / JAIP 2501 / CD　　　　　　　　　(松井聡太 / Uncleowen)

LORD MOUSE AND THE KALYPSO KATZ　GERMANY
『Go Calypsonians』

ドイツを拠点に活動する17人組のカリプソ集団のセカンド・アルバム。前作よりも女性コーラスやボーカルも取り入れ華やかになったダンス・ミュージック・サウンド！ カリプソ・クラシックとして語り継がれる「Goombay Drum」や「Edward VIII」など個性豊かなカヴァーも収録した夏にぴったりの１枚です！

PIRANHA MUSIK / PIRJ 2752 / CD　　　　　　　　　(Ska In The World)

KING PÉPE & HIS CALYPSO COMBO　　FRANCE
『King Pepe & His Calypso Combo』

フランスのKING PÉPE & HIS CALYPSO COMBO。ヨーロッパではアナログ録音ができることで有名なJim Murple Studioで録音した、まるで当時のサウンドを再現したLORD TANAMO、LORD KITCHNER、MIGHTY SPARROWファンにお勧めの心地良いカリプソ・メント・サウンド収録！！

Ska In The World / SIWI207 / 10inch　　　　　　　(Ska In The World)

THE PEACOCKS
『Come With Us』

SWITZERLAND

来日経験もあるスイス産パンカビリー／サイコビリー・バンド。1995年作。特筆すべきは「In any case」、「One more chance」の2曲。ウッド・ベース◎の哀愁感漂うスカ・ナンバー。クラブでも人気なダンシング・ナンバーで最高です。

Tudor Records / 8113 / CD　　　　　　　　　　　(Kazoo / RECORDSHOP ZOO)

DESORDEN PUBLICO
『Los Contrarios』

VENEZUELA

2010年のトーキョースカジャンボリーでも来日したベネズエラのラテン、スカ・バンドの2011年リリース作！ ラテン・アメリカ産のバンドと言う事でラテン、クンビア、ルンバ、サルサと、アッパーなネオ・スカを見事に融合したオリジナリティ抜群の一枚。歌詞の語感も含めて、LOS FABULOSOS CADILLACSやSATELITE KINGSTON、CHE SUDAKAやKAYO MALAYOと言った南米～ヨーロッパのスカ・ミクスチャー・バンドを彷彿させている。スカ・ファンのみならず、ワールド・ミュージック・ファンにもガチハマりの1枚。

Derechos Reservados / IOP 002 / CD　　　　　　(Ska In The World)

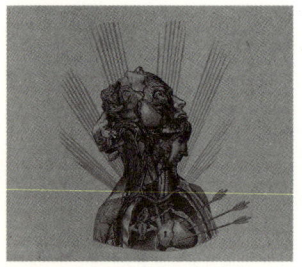

THE BARONS OF TANG
『Knots And Tangles』

AUSTRALIA

タンゴ、ポルカ、アイリッシュ、ロカビリー、そしてジプシー音楽のブレンドを基本に、メタル直系のハードに刻むギター、ツイン・ペダルによるブラスト・ビートの導入をも果たして完成されたのがこの世界唯一の"ジプシー・デスコア"。まるでCONVERGEがジプシー化したかのようなこの世界観をお楽しみください。

Uncleowen / UNCL036 / CD　　　　　　　　　　(Rockin' Owl)

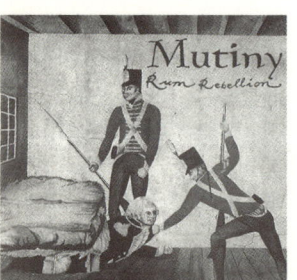

MUTINY
『ラム酒の反乱～Japan Edition』

AUSTRALIA

オリジナルは1997年にオーストラリアのみで販売され、後に世界中のアイリッシュ・パンク好きを震わせることとなった伝説のバンド、MUTINYによるファースト・アルバム。12年の時を経て、廃盤EPの『Bags Of Oats』をまるまる追加収録して再発された日本限定盤。男女ツイン・ボーカルによる掛け合い田舎のどんちゃん騒ぎはいつ聴いても楽しめる。

Uncleowen / UNCL005 / CD　　　　　　　　　　(Rockin' Owl)

THE CURRENCY
『The Currency』
AUSTRALIA

活動休止中にMUTINYのメンバーを中心に、ex. THE LIVING ENDのTRAVIS DEMSEY（Dr）らが結成したアイリッシュ・パンク・バンド。これぞ正統派アイリッシュ・パンクと呼べる音、ルックス、楽器編成で人気。オーストラリア人らしく、アボリジニを迎え、伝統楽器ディジリドゥもフィーチャーしている。

Uncleowen / UNCL004 / CD　　　　　　　　　　　　　　　（Rockin' Owl）

ONDA VAGA
『Magma Elemental』
ARGENTINA

アルゼンチンで活動する"自由気侭な波（バンド名の訳）"。自らの音をポップ・アコースティック・サイコ・パーティー・ルンバ・レゲエと表現。フジロック2012のステージに最多出演し、会場を湧かせた激しいショーと対比する、緩くピースフルなCD。会場を涙させた「Day Dream Believer」の日本語カヴァーも今作に収録。

Uncleowen / HUCD-10117 / CD　　　　　　　　　　　　　　（Rockin' Owl）

LA SARITA
『Mamacha Simona』
PERU

MANO NEGRAやMANU CHAOの影響があるかどうかは本人のみぞ知る事だが、間違いなくファンにはツボのペルーのLA SARITAのセカンド・アルバム。アンデス・ハープのアルパの音色と、クンビア、チーチャのリズムが鮮烈で印象的、そこにロックのリズムとエレキ・ギターが、渾然一体となって凄まじい世界観を作り出す。

Play Music & Video / PLAYMUSIC88 / CD　　　　　（Shochang / BABYLONiX）

BARETO
『Sodoma Y Gamarra』
PERU

チーチャと呼ばれるペルー産のクンビアを基盤にラテンやルンバ、ロックをミクスチャーするペルーの現役バンドの2012年作。バルセロナを中心とするレベル・ミュージック・シーンともリンクする内容。6曲入りの前作に比べると歌モノとしても展開も楽曲の幅が格段に広がっていて、奥行きの深い、聴き込み度抜群の作品。

Play Music & Video / BARETO2009 / CD　　　　　　（Shochang / BABYLONiX）

CHE SUDAKA
『Mirando El Mundo Al Reves』

SPAIN

MANU CHAOらの系譜を確実に汲み、今やバルセロナのレベル・ミュージック／メスティーソ・シーンの旗手となったCHE SUDAKAの2007年リリースのサード・アルバム。スカ／ルンバ／ラテン／レゲエにパンク・ロックのエッセンスを呑み込み、キャッチーなメロディと溢れんばかりのサウダージ感、そして絶妙な祝祭性が奇跡みたいに同居した、代表作にして傑作ダンス・ミュージック・アルバム。

K Industria Cultural / K099CDS / CD　　　　　　　　　　(Shochang / BABYLONiX)

ALAMEDADOSOULNA
『Play!』

SPAIN

スペイン・マドリードのスカ・バンド、ALAMEDADOSOULNA。同郷のBOIKOTをリリースしている、Maldito Recordsからの作品。アメリカのスカ・バンド好きを唸らせる高クオリティのスカ／ロックステディで、ホーン・セクションや楽器隊のアレンジも、往年のスカやネオ・スカの影響をしっかりと咀嚼。スペイン語でまくしたてるボーカルも良し。全13曲収録。

Maldito Records / MRCD164 / CD　　　　　　　　　　(Shochang / BABYLONiX)

MUYAYO RIF
『P'alante!』

SPAIN

バルセロナ郊外で結成されたメスティーソ・バンド。MANU CHAO LA VENTURAなどでお馴染みのGAMBEATがプロデュースしたサード・アルバム。LA TROBA KUNG-FUが参加したラテン／ルンバ調の1曲目からしてテンションMAX。メスティーソの総本山、Kasba Musicからのリリース。大化けした傑作。

Kasba Music / KM0211 / CD　　　　　　　　　　(Shochang / BABYLONiX)

LA PEGATINA
『Eureka!』

SPAIN

CHE SUDAKAと並びバルセロナのメスティーソ・シーンの代表的なバンドの一つであるLA PEGATINAの2013年作。同年には、初めて来日しTOYOTA ROCK FESTIVALや朝霧JAMにも出演。ラテン／スカ／ルンバを基盤とし、陰鬱な気分を無理矢理にでも吹き飛ばしてくれるようなアップ・テンポかつポップで、シンガロング必至の陽気なナンバーが並ぶが、随所に聴かせる哀愁滲むグッド・メロディが胸を締め付けて止まない。

Kasba Music / KM0313 / CD　　　　　　　　　　(Shochang / BABYLONiX)

LA KINKY BEAT
『RMX Made In Barna』
SPAIN

バルセロナのメスティーソ（ミクスチャー）シーン。反グローバリズム等のメッセージ性を持ち、しばしばレベル（反逆）・ミュージックとしても語られるシーンの代表格の１バンドである彼らのデビュー作。MANU CHAOのバンドでお馴染みのMADJIDや、CHARLART58もメンバーとして名を連ねております。

Kasba Music / MKM00305/ CD　　　　　　　　　　(Shochang / BABYLONiX)

BANDA BASSOTTI
『Check Point Kreuzberg Live At The SO36 Berlin』
ITALY

日本でも人気の高いイタリアの激ポリティカル・スカ・コア・バンドのドイツ・ベルリンで行われた模様を収録したライブ盤３枚組。彼らのベスト・アルバムと言っても通用する程の名曲揃いなので、初めての方にも大推薦。何より、イントロからラストまで彼らの人気っぷりが尋常でない事をヒシヒシと感じる事の出来る臨場感に悶絶。

Rude Records / RDR043 / CD　　　　　　　　　　(Shochang / BABYLONiX)

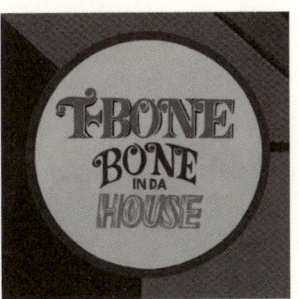

T-BONE
『Born In Da House』
THAILAND

タイ国内で最も長いキャリアを持つ、結成23年を迎えたスカ・バンドによる2013年リリース作。夏のPentaport Rock FestivalでのJANG GOONとの盛り上がりも記憶に新しい、微笑みの国のスカをご賞味あれ！　これぞまさしくPEACE MUSIC！

Ska In The World / SIWI201 / CD　　　　　　　　　(勝股秀之)

SRIRAJAH ROCKERS
『Youth Explosion』
THAILAND

ライブではDRY&HEAVYやTHE HEAVYMANNERSのクールなカヴァーをかましたり、COOL WISE MANの光風やROJO REGALOと対バンしたりと、日本との接点の多いダブ・バンド。このアルバムはT-BONEのGa-Piがプロデュース。硬派なダブ・サウンドでありながらメロディはキャッチーなのも魅力。本作の他に、韓国のWINDY CITYとのコラボ盤もあり。

Jah Dub Studio / Hua Lampong Riddim / - / CD　　　　　　(大前 歩)

巽朗
『Keep On Blowin'』
JAPAN

DETERMINATIONSでの活動でも知られるサックス奏者、初のソロ。森俊也、TANCOなど、スカ／レゲエ界の名うてのプレイヤーが参加したセッション曲、ダンスホール・レゲエの名プロデューサーが手がけたトラック曲など聴きごたえのあるナンバーが揃う中、リン・テイトとの時空を超えたヴァーチャル共演「Under the Cherry Blossom」はうっとりする仕上がり。

Overheat Records / OVE-0109 / CD　　　　　　　　　　（宮内 健 / ramblin'）

REI MASTROGIOVANNI
『MINT』
JAPAN

アメリカと日本を股にかけ音楽活動を展開してきた、マルチ・プレイヤー。ソロとしては5年ぶりの新作となる、5曲入りEP。自ら掲げる"NEW SKA"を標榜とし、EDMやUSインディーズ、ヒップホップ、ダンスホール・レゲエを咀嚼した、耳に新鮮な驚きを与えてくれるスカの進化型。THE SKINTSやPACHA MASSIVEあたりとの同時代性も感じさせる。

Rei Mastrogiovanni / CD / iTunes　　　　　　　　　　（宮内 健 / ramblin'）

EGO-WRAPPIN'
『Brand New Day』
JAPAN

スカ・バンドではない。が、これほどスカのキラー・チューンを次々と生み出すロック・バンドも珍しい。2010年夏発売となった『BRAND NEW DAY』もそうだが、彼らは一発で耳に残るホーン・リフをキメてくる。スカ・バンドはみんな歯ぎしり立てて彼らに嫉妬すべきじゃないか。カップリングのキュートなスカも、簡単に真似の出来ない美しさがある。

TOY'S FACTORY / TFCC-89306 / CD　　　　　　　　　　（宮内 健 / ramblin'）

EKD
『ぐるぐる』
JAPAN

日本全国、津々浦々。巷を騒がすギター弾き、EKD from FZMX(未来世紀メキシコ)。究極の初期衝動と言われたデビュー作『Para Todos Todo』から5年、通算4作目となるのが本作『ぐるぐる』だ。レゲエにスカそしてラテン圏の音楽から受けた影響を、自身のアイデンティティを通し仲間と共に試行錯誤。民謡、クンビア、ダンスホール・レゲエにパチャンガ… これが東京バビロン発の混血音楽だ!!勢いから確信へと繋がる道を一歩一歩、力強く踏みしめ歩むEKD。「今」、EKDはここにいる。爪弾くギターの音色はどこへ行く。期待と希望に満ちた2枚組全30曲。

FZMX / EKDCD004 / CD　　　　　（AMEMIYA KSK - CARIBBEAN DANDY / PACHAMAMA / discos PAPKIN）

ROJO REGALO
『Found Love』
JAPAN

フジロックやRADICAL MUSIC NETWORKを筆頭とする、数々のライブ現場での圧倒的なパフォーマンスで、拠点である大阪はもちろん東京でも大人気のROJO REGALO。コロンビアのダンス・ミュージックであるクンビアと、日本人ならば誰もが馴染み深い歌謡曲的メロディと哀愁を見事にブレンドした、記念すべきファースト・フル・アルバム。

Glocal Records / RMTCD029 / CD　　　　　　　　　　　　(Disk Union)

EL SKUNK DI YAWDIE
『Ragga Mariach』
JAPAN

しょうくん+かっちゃんのデュオからなるエル・スカンク・ディ・ヤーディ。岩手を拠点に活動する2人が2009年にリリースした唯一の流通作。かっちゃんがカホンで刻むビートにしょうくんの弾き散らかしたギターとラガマフィン・スタイルを織り交ぜたボーカルは、他に類を見ないオリジナル・スタイルだ。逢ったときからずーっとぶれずに、貫き磨き続けている2人は大自然で育まれた太い音、いや、根か。そして「何処にいたってやりたいことはやれるんだ」、と言うことも教えてくれる、これからの生き方の指針になり得る重要作だと言うことを付け加えておこう。

P-Vine / PCD22325 / CD　　　(AMEMIYA KSK・CARIBBEAN DANDY / PACHAMAMA / discos PAPKIN)

THE ZOOT16
『Z16』
JAPAN

TOKYO NO.1 SOUL SET、猪苗代湖ズ、また近年ではソロとしても活動中の渡辺俊美氏がTOKYO NO.1 SOUL SET活動休止時にスタートさせたTHE ZOOT16のベスト・アルバム。スカにレゲエにダブ、ラテンにサーフ・ミュージックなどなど全部入り！の実験作に、磨きに磨き、研ぎすまされた永遠の男のテーマなどを小気味好く、リズミカルにMixしたラインナップには胸焼け寸前。チャーミングにロマンティックに、時に回り道をしながらも想いを伝える渡辺俊美氏の生き方がここにある。と、僕は感じてならない。

Felicity / PECF-1038 ; felicitycap-136 / CD　　(AMEMIYA KSK・CARIBBEAN DANDY / PACHAMAMA / discos PAPKIN)

THE MAN
『The Man』
JAPAN

スカパラを脱退後、DAD MOM GODで活動を続けてきた冷牟田竜之が、再びスカを追究するため新たに結成。トロンボーンの増井朗人以外は、若い世代のミュージシャンで固めた。どっしりとしたルードなスカ・チューンから、ガレージロックとのミクスチャー的な楽曲まで、一発録りのアナログ・レコーディング。男臭い熱さが滾るデビュー作。

Taboo Records/- / CD　　　　　　　　　　　　(宮内 健 / ramblin')

RIDDIMATES
『Zion Rhapsody』
JAPAN

リズムを浴びるという言葉がまず浮かぶ。次にリズムを食べる。エネルギーを消費するのではなく燃やすための源がRIDDIMATESの1人1人が奏でるビート。曇り空を晴れに変える音に込められた気持ちは無限の宇宙まで広がる。大地は繋がっていてその土地土地の鼓動が結集して鳴っている。リズムが語りかけてくる、管楽器も弦楽器も打楽器も鍵盤もダイレクトにハートをノックしてくる音楽に体が自然に踊ってしまう。陽光を細胞に注入したいのならばRIDDIMATESをお薦めいたします。

Brassrockers / BRR008 / CD　　　　　　　　　　　　　　　　　　（磯野カツオ）

LITTLE MASTA AND MAXIMUM VIBRATION
『Save Children From Nuclear Pollution』
JAPAN

ex. BLUE BEAT PLAYERSのキーボード・プレイヤーで、現在は沖縄在住のLITTLE MASTA。そこに至るまでの経緯や沖縄での生活を通して感じた事を、彼自身のルーツや嗜好しているサウンドと共に十二分に表現された作品。日本語 meetsクンビア・ファンや、スカ／レゲエファンは必聴。

Mecalic Sound / MS 1 / CD　　　　　　　　　　　　　(Shochang / BABYLONiX)

MANCHO CANCHO
『Tide Is Coming In』
JAPAN

ロック／レゲエ／スカ等、9人の個性がクロス・オーバーされ、ジャンルに囚われない自由な音楽と共に、独自の世界観のサウンドも生み出している2013年注目バンド、mancho canchoのファースト・アルバム！ レゲエ等に見られる間を活かしたうねる様なリズムの曲やギターのカッティングが印象的な軽快さのあるファンキーな曲など、様々なグルーヴが詰まった一枚。

Ska In The World / SIWI205 / CD　　　　　　　　　　　　　(Ska In The World)

V.A.
『Mestizos y Cumbia Músicos de Extremo Oriente ～極東混合音楽侍集～』
JAPAN

コロンビアで産まれ、レゲエ／アフロ／サルサの影響を受け進化してきたクンビア・ミュージック！ 日本でも続々とクンビア／メスティーソを標榜するバンド／アーティストが活発に活動し高まりを見せているクンビア・ミュージックをコンパイルしたコンピレーション第一弾！ 日本全国＆台湾から豪華なアーティストを集めている。

Mecalic Sound / MS2 / CD　　　　　　　　　　　　　　　(Ska In The World)

THE RODEOS
『The Rodeos』
JAPAN

平均年齢20代前半。アイリッシュ、ラスティック、ロシアン・フォーク、スカなどを飲み込んだ新世代レベル・ミュージック・バンドの傑作ファースト・アルバム。酔えて踊れる内容。決してスカ・バンドではナイですがスカ・パンク／ネオ・スカファンは是非！　THE CHERRY COKE$〜メンバーも敬愛するTALCO好きな方も一聴して頂きたい1枚。

Diwphalanx / PX 253 / CD　　　　　　　　　(Kazoo / RECORDSHOP ZOO)

DUB BASTARDS
『Punk Latino! Gypsy Reggae』
JAPAN

世界で一番新しいミクスチャー・スタイルを突き進むバンドと呼べる東京パチャンガDUB BASTARDSのデビュー作。メンバーのルーツであるパンク、レゲエ、ダブ、アフロ・ミュージックを軸にパチャンカ、メスティーソ、ロック・ラティーノ、バルカン、中南米などなど様々な音楽を取り入れDUB BASTARDS色に染め続けている要注目アーティスト！

Bridzz / BRIDZZ-002 / CD　　　　　　　　(Shochang / BABYLONiX)

¡YA BASTARDS!
『反骨民謡騒乱』
JAPAN

クンビアやレゲエ、ダブ、ジプシー、沖縄民謡、ハードコア・パンク等を取り込んだ新世代反骨楽団・¡YA BASTARDSによる初音源！　沖縄を中心に全国規模で大騒ぎする謎のパンク集団・チャンネルシックスのメンバーを中心に結成され、バンド経験の無い者ばかりを一人また一人と引きずり込み、10人を超える大所帯が奏でるサウンドはとても新鮮である。

Major Label / MALA0004 / CD　　　　　　　　(Ska In The World)

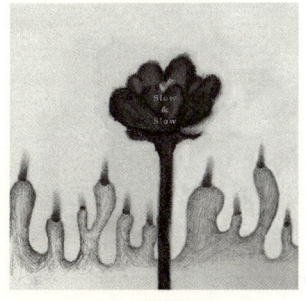

石川道久セッション
『Slow & Slow』
JAPAN

サックス奏者の石川道久がカセットコンロスのワダマコトら日本のスカ／カリブ音楽シーンの個性派たちと2007年に結成したインスト・バンドによる、ファースト・アルバム。オーセンティック、カリビアンなど様々な要素のサウンドが楽しめ、ROLAND ALPHONSOの「Goodnight My Love」、南太平洋映画避暑地の出来事の名曲「A Theme of Summer Place」。SONNY ROLLINSの「The Everywhere Calypso」などのカヴァーから、オリジナルの名曲「Gentle…」、タイトル曲「Slow & Slow」など、聴きどころ満載のアルバムに仕上がっている。

Ska In The World / SIWI159 / CD　　　　　　(Ska In The World)

SPECIAL FEATURE No.01

爆発前夜の韓国スカ・シーン

Text by Hajime Oishi

"韓国にスカ・シーンは存在するのか?"と聞かれれば、本稿執筆段階(2013年12月)では"まだまだ"と答えざるを得ない。アジアのスカ・シーンと言えばタイやフィリピン、マレーシアの活況を伝えられるが、対して韓国や台湾は(音楽マーケットの大きさの割りには)まだまだ。いくつかのバンドがなんとか風穴を開けようと奮闘している状況にある。

そうしたスカ・バンドのルーツは90年代半ばから後半にかけ、首都ソウルの学生街ホンデ(弘大)で巻き起こった一大インディー・ブームに辿ることができる。それまでの韓国はアメリカやヨーロッパの最新音楽がタイムラグなしに入ってくるような状況にはなかったが、90年代中盤になるとPC通信が一気に浸透。海外の最新音楽動向にも比較的アクセスしやすくなった。そうしたなかでノー・ブレイン、クライング・ナット、ジャウリム、ココアなど〈韓国インディー第一世代〉が台頭。現在活動しているスカ・バンドのメンバーの多くは、こうした第一世代から影響を受けてバンドを始めた面々である。

韓国を代表するスカ・バンド、キングストン・ルーディスカの中心人物であるチェ・チョルウは、韓国インディー第一世代にあたるカルメギの元メンバー。このカルメギはノー・ブレインやクライング・ナットがホームとしていたライヴハウス、ドラッグ(94年7月オープン)の常連で、インディー・ブームの中心的役割を担ったバンドでもあった。なお、チェ・チョルウは77年生まれ。キングストン・ルーディスカの他のメンバーはチョルウより年下で、やはり第一世代から影響を受けた世代にあたる。ヴォーカルのユル(83年生まれ)は、2013年3月、東京で行ったインタヴューでこう発言している(通訳/ Georgina Jo)。「僕は中学生からケーブルTVを通してロックを聴くようになって、高校生になってからはクライング・ナットみたいな韓国のインディー・バンドのライヴに通ってました。思春期だったこともあって、社会への反抗や自由のメッセージが心に響いたんでしょうね。クライング・ナットやノー・ブレインが人気を集め始めた90年代後半、たくさんのパンクスがホンデの町を歩いていたんですよ」

キングストン・ルーディスカのトランペット奏者、チョンソクは79年生まれ。彼も同じインタヴューでこう答えている。「中学生のころはパンクとメタルのマニア(笑)。クラッシュをきっかけにレゲエを聴くようになり、そのルーツであるスカにも興味を持つようになりました。東京スカパラダイスオーケストラやPOTSHOT、SNAIL RAMP……僕のなかで大きいのは、DETERMINATIONSとCOOL WISE MAN。この2つのバンドからはとても強い影響を受けました」

韓国で日本文化の開放が始まったのは1998年以降。それもあくまで段階的なものだった。それまでも日本のポップスやロックはブートレグ音源が(闇)市場で出回っていたようだが、決してメジャー・バンドとは言えないDETERMINATIONSとCOOL WISE MANの音源を入手するためにはチョンソクもかなり苦労したという。「両方とも友達がくれたテープに入ってたんですけど、バンド名も分からないまま聴いてましたね。昔は音源を手に入れるのも難しくて、知人とP2P(多数のコンピュータ間で通信を行う際の形態のひとつ)でデータのやりとりをしていたんです」

キングストン・ルーディスカが結成されたのは2003年。スカタライツを目標とするオーセンティック・スカ・バンドは

1. キングストン・ルーディスカ　2. スカ・ウェイカーズ　3. サウス・カーニヴァル　4. ムード・サロン　5. ソウル・リディム・スーパークラブが表紙を飾った、レゲエ専門誌『月刊プリジャ』第4号

　韓国でも前例のないものだった（なお、その少し前には現ウィンディ・シティのキム・バンジャンらによって〈韓国初のレゲエ・バンド〉バス・ライダーズも結成されている）。
　では、そのキングストン・ルーディスカの活躍によって韓国でスカ・シーンが成立したのか？　というと、冒頭にも書いたように、現段階ではそこまでの大きなウネリにはなっていない。現在の活動に関して、キングストン・ルーディスカの面々はこう話す。
　「僕らはオーセンティック・スカをもっと韓国で広めたいので、ルーディ・システムというレーベルをみんなでやってます。仲間はプサン（釜山）のスカ・ウェイカーズとチェジュ（済州島）のサウス・カーニヴァル。彼らももともとはスカ・パンクのバンドで、徐々にオーセンティック・スカ寄りになってきた感じ」（ノッウォン／サックス）
　「ルーディ・システムでは〈スカ・ルールズ〉というイヴェントを主催していて、これまでに10回近くやってるんですよ。COOL WISE MANやメルボルンのスカズ、台北のスカラオケにも出てもらいました」（ユル）
　2013年末現在の韓国では、その他に次のようなスカ・バンドが活躍中だ。女性ヴォーカルを擁し、トロットや歌謡もカヴァーするムード・サロン。スカ・パンク色が濃く、キングストン・ルーディスカとも縁が深いNO.1コリアン。ルーツ・レゲエ系のリスカ（RESKA）。キングストン・ルーディスカのユルを中心とするラヴァーズ・ロック・バンド、シュガー・カム・アゲイン。加えて、スカ・パンク系ならば〈韓国のランシド〉スカサックスやルーディ・ガンズも勢力的に活動中だ。
　また、2013年に結成されたソウル・リディム・スーパークラブの動きにも大いに注目したい。このバンドはキングストン・ルーディスカのユルやチョンソク、ソロ作品もリリースしているテヒオン（ヴォーカル）、EDM系のルード・ペーパーで活動するクンタ（ディージェイ）、自身のバンドも率いるジャメイ（Jah Mai／ディージェイ）などから構成される、一種のオールスター・バンド。テヒオンが編集長を務める韓国初のレゲエ専門誌『月刊プリジャ』にはそんなソウル・リディム・スーパークラブのインタヴュー記事が掲載されていたので、ここで紹介しておく。
　「ヒップホップでもロックでも、みんなで力を合わせてシーンを形成しているのに、レゲエ・シーンはまだそんな姿を見せられていない。それで〈僕らも結束しなきゃ〉って思ったんです。それぞれ一生懸命頑張っているのに、一緒に作り上げてきたものがないじゃないですか」（クンタ）
　「韓国にレゲエ・チームがないわけでもないし、いいチームも多いのに、シーン自体がうまく形成されていないから後輩たちを育てることもできない。このバンドでは〈最高の音楽をやろう〉っていう意味合いよりも、〈遊び場ぐらい作っておくべきじゃないか〉っていう意識のほうが強いんですよ」（ジャメイ）
　韓国でバンド活動を続けていく際、そこにはさまざまな障壁が存在する。やはり一番大きいのは兵役だが、経済的問題やバンドマンに対する韓国社会からの視線なども高い壁となる。その前で多くのバンドが解散／活動休止してしまうわけだが、一方ではソウル・リディム・スーパークラブのように長期的な活動を見据えて状況を構築しようというバンドもいる。冒頭にも書いたように韓国にはまだ〈スカ・シーン〉と呼べるものは存在しないかもしれないが、5年後どういった状況になっているかは分からない。90年代後半のインディー・ブームのように爆発的なスカ・ブームが起こる可能性だって決してゼロではないだろう。

（取材協力：The eskargot miles）

COUNT KUTU & THE BALMERS

SPECIAL INTERVIEW N°08

フィリピンのマニラを拠点にカリプソ／メント・サウンドを追求し続けてきた、COUNT KUTU & THE BALMERS。バンドにとって初の世界流通作品となる『Take Me』を2012年にリリース。フィリピンの音楽事情なども併せて、リーダーのCOUNT KUTUに聞いた。

Interview & Text by SKA IN THE WORLD

──日本のリスナーのために自己紹介してください。

COUNT KUTU & THE BALMERSはフィリピンのマニラのカリプソ／メント・バンドで、2002年にオリジナル・メンバーのCOUNT KUTU、SENYOR LUCCA、DON USTOLLANO、LORD SANTADIOそしてDOCTOR TURBOによって結成された。バンドはCOUNT KUTUの鼻にかかった歌声、低音のギターから奏でられるビンテージ・アコースティックなインスト・サウンド、テナー・バンジョー、マラカス、カタクー、サンドペーパー・ブロック、バンブー・ドラム、ルンバ・ボックスで田舎風ジャマイカン・メント・ミュージックを演奏している。

──CK&TBを結成するにあたってどんなバンドやアーティストに影響されましたか？

THE SKATALITES、CHIN'S CALYPSO SEXTET、HAROLD RICHARDSON AND THE TICKLERS、LORD INVADER、LORD PRETENDER、COUNT OWEN、MAX SURBAN、LORD TANAMO、LORD LEBBY、SIR LANCELOT、STANLEY BECKFORDとか他にもいっぱいだよ。これらのバンドにインスパイアされてCOUNT KUTU & THE BALMERSは結成された。彼らのサウンドは気持ちが上がると同時にリラックスもでき俺たちにとって魅力的なものだった。トラディショナル・スカやレゲエやカリビアン・カリプソ・ミュージックを楽しむ人間を理解できない人はいないでしょ。

──メントとカリプソを知ったきっかけはなんですか？　またなぜメント／カリプソ・スタイルのバンドをはじめたのですか？

1999年から2002年の間SNEEKERSっていうパンク・バンドをやっていた頃、トラディショナルなスカにすごくはまっていた。俺はいつもジャマイカン・ミュージックについてもっと知りたいと思っていて友達から借りた古い雑誌やスカのコンピレーション・アルバムにメントがフィーチャーされていた。このコンピレーションの中の曲がスカやレゲエじゃなくてメントって気づいたのは深いベースや古いタイプのバンジョー・レゲエ・ストラミングのユニークな音からなんだ。カリプソは俺が生まれたフィリピンのセブ市で1990年半ばもしくはその前から人気のある音楽だった。

メントとカリプソはとてもユニークで踊りやすい音だったから家で演奏するようになった。そしてこのジャンルにもっと深く関わりたいと思い、自分たちなりのメントとオリジナル・ソン

グをカセットテープに録音し始めた。ひどい音質だったけど、メントだって聴き分けはついたよ。この頃、誰もこの音楽に興味を持っていなかったし話題にもならなかったから自分たちの家でやるのに留めていた。2010年の夏にアルバム、『Carabao Gal』を作り終えて何人かの友達が曲を気に入ってくれて、アメリカやヨーロッパからもこのアルバムを欲しいという要望がきはじめたんだ。こんなことが起こるなんて予想もしていなかったし、こんな幸運をくれた神様に感謝してるよ。

——フィリピンにはジャマイカン・ミュージック・シーンがありますか？

もちろん。トラディショナルや新しいレゲエ・スカ・ミュージックは最近では人気があるよ。だいたいのものが良いものだしね。

——レコード屋さんは？

レコード屋はたくさんあるよ。でもそれらのお店とまだレコード契約がないんだ、いつかできることを願ってるよ。

——フィリピンのスカ／レゲエ／メント・シーンについて話してください。

フィリピンのスカ／レゲエ／メント・シーンはいつも良いよ。どのシーンも俺らはエンジョイしている。ジャマイカン・ミュージックを好きな人もそうでない人も、皆お互いのシーンをサポートし合っていて、いつも活気があって楽しいんだ。

——日本ではなかなか情報が得られないんですが、フィリピンの良いバンドを教えてください。

フィリピンにはたくさん良いバンドがいるよ、THE COFFEE BREAK ISLAND、COLIE HERB、BROWN MAN REVIVAL、THE CHONKEYSみたいね。これらのバンドがどのシーンでも優位を占めてるよ。

——フィリピンではどんな所でライブをするんですか？

昔はマニラの地下鉄やローカル・ビーチや路上で演奏してた。カリプソを唄いながら、道行く人々に自分たちのCDを売ったり、バンジョー・ケースにコインを投げ入れてもらったりしていた。それからScarlet Café、B-sides、Mercy'sやBlack Birdといったローカル・バーで演奏するようになった。

——アメリカのJump Up Recordsから10インチをリリースしていますが彼らとはどうやって知り合ったのですか？

俺の友達のHIL（ローカル・ライブ・オーガナイザー）が俺たちを含むいろいろなバンドのビデオをJump Up RecordsのFacebookページに貼り付けたんだ。それで彼らがたぶん俺たちの音を気に入って、メールでコンタクトを取ってくれた。それでレコード契約を得たんだ。この契約を現実にしてくれたHILとLUV GAERLAN NOGOVのサポートにとても感謝しているよ。

——日本のシーンとバンドについて何か知っていますか？

あまり日本のシーンについては良く知らないんだ、でも東京スカパラダイスオーケストラやRUDE BONESのような良いバンドは知っているよ。彼らはフィリピンのスカ・シーンで結構有名なんだ。

——あなたの好きなジャマイカン・ミュージック3曲を教えてください。

CHIN'S CALYPSO SEXTETの「Healing In Di Balm Yard」、LORD LEBBYの「Zombie Jamboree」、それとCOUNT LASHERの「Mango Time」。

——たくさんのDJや日本のバンド、リスナーがこの雑誌を読みます。彼らへのメッセージをください。

日本のファンのみんな、俺たちのバンドへの温かいサポートをありがとう。俺たちにとって日本の雑誌に載るということはとても光栄なことで、心から感謝している。いつか日本で会えることを願っているよ。みんなありがとう。

COUNT KUTU & THE BALMERS
『Take Me』
(SIWI186)

COUNT KUTU & THE BALMERS

2002年にCOUNT KUTUを中心にマニラで結成。ライブを重ねながら2010年にファースト・アルバム『Carabao Gal』をリリースするもフィリピン国内での販売方法が路上や海辺でのストリート・ライブのみのため、海外からの観光客以外は興味を示さず、ほぼお蔵入り状態となる。その後メンバー・チェンジを行い、昨年『Take Me』をリリースして、アメリカのJump Up Recordsと日本のSka In The Worldより10インチをリリース。その後もライブを重ねると共に国内での認知度も上がり、2014年にニュー・アルバムのリリースも予定している。

Facebook Page: Count Kutu & The Balmers

SPECIAL FEATURE No.02
MEXICAN SKA REPORT

Hello! Japan。メキシコの若者の間で最も人気のある音楽の1つになったスカ・ミュージックについてレポートすることが出来て光栄だよ。まずメキシコで現在活躍しているトップ5・スカ・バンドを紹介する前に、メキシコではどのようにしてスカ・ミュージックがスタートしたのかを説明したいと思う。

60年代にロックン・ロール・シンガーのTOÑO QUIRAZCOが当時のメキシコでは聴いたことのないスカのカヴァー・シリーズをレコーディングし、そのもっとも顕著なものが歌詞を全てスペイン語に変えたジャマイカン・スカで、他のアーティストによってカヴァーされたメイン・ストリームのスペイン語のロックンロール曲よりもソウルフルなそのリズムは全てのメキシコ人の心に火をつけた。このジャマイカのサウンドによって点いた火は今になっても当時のこのムーブメントをとらえたままメキシコでは燃え続けている。

それでは現代に戻って、トラディショナルな2トーン、スカ・パンクからスカ・ラテンまで、更にはソウルとメキシカン・スタイルのロックン・ロールとミックスされたスカまでプレイするメキシコのトップ・バンドをいくつか紹介しよう。

NADIE CALAVERA

中央メキシコでまだ発掘されていない貴重な宝石のようなバンド。2007年にグアナフアトのサラマンカで結成され、LOS KUNG FU MONKEYSがメキシコで新しいシーンをスタートさせて以来のカリフォルニア・スタイル・スカ・パンクを継承している。RANCID、MAD CADDDIES、FISHBONE、THE SUICIDE MACHINES、REEL BIG FISH、LAGWAGONのようなバンドからの影響やKEMURI、東京スカパラダイスオーケストラ、RUDE BONESからも大きな影響をうけて、パンク、スカ、レゲエ、メタル、ロックステディ、オルタナティブを全てスペイン語で織り交ぜNADIE CALAVERAのみが出せる音を作り上げた。僕の見解では彼らは"メキシコのLESS THAN JAKE"だ。この若者たちの出す音やライブが好き過ぎて、彼らのアルバム『Por Siempre』(永遠という意味)の「Inconsiente」という曲でボーカルとして参加させてもらった。ラッキーなことにこのオファーをしてもらった時、彼らのホーム・タウンから30分のところに休暇で来ていたので、こんなチャンスを逃すわけにはいかなかった。とても光栄なことだ。少しづつ彼らは段階をふみつつ有名になってきていて、いつかメキシコでベスト・スカ・パンク・バンドになることは間違いないだろう。僕も大好きな曲「Fin」、「Destino Incierto」、「Uno」をチェックしてみてくれ。きっと気に入ると思う。彼らは『No Volveran』と先出の『Por Siempre』という2枚の素晴らしいアルバムをインディーズからリリースしていて、両方ともお薦めする。ピュアなメキシカン・スカ・パンクを体験するべきだ。

INSPECTOR

メキシコのトップ・スカ・バンド。1995年11月モンテリーのヌエボ・レオン州で結成され、1998年にレゲエとスカをミックスしたサウンドの最初のインディーズ・アルバム『Blanco y Negro』をリリース。彼らは初めてメジャー・レーベルと契約を結んだスカ・バンドで、当初はレゲエとスカそしてメキシカン・ミュージックを融合したようなサウンドだったが、メジャー・レーベルからインディーズに戻ってからの彼らはルーツであるトラディショナル・2トーン、ロックステディと50年代のロックン・ロールを合わせた音を出す現在もっとも成功しているバンドだ。ヒット曲に「Amargo Adios」、「Ska Voovee Boobie Baby」、そして「Amnesia」等があり、またTHE TEMPTATIONSの「My Girl」をスカ・ヴァージョンにカヴァーしたすばらしい曲や「Besame Mucho」さらにはMADNESSの「Our House」のカヴァーでヒットを飛ばした。メキシコ、ヨーロッパ、アメリカや南アメリカでたくさんのツアーやフェスティバルに出演し、このジャンルでは一番愛されているバンドと言える。それにボーカルの"BIG" JAVIはマリアッチ的な心に沁みる歌声を持つトップ・シンガーだ。彼らのアルバムはマスト・アイテムだ。

彼らの最新作『Ska a la Carta vol.1』は僕のなかでベストなアルバムでお薦めの一枚だ。

PANTEON ROCOCO

1995年にメキシコ・シティで結成されたPANTEON ROCOCOは1997年にメキシコで有名なスカのレーベルPP Lobo Recordsから『Toloache pa' mi Negra』とい

うタイトルのデモ・カセットをリリースするまでハウス・パーティーや小さなパーティーでプレイしていた。少しずつ知名度を上げていった彼らはワールド・ビートという世界中で認められているメキシコのバンドだ。最初はスカをやっていて、その後それをメキシカンとラテン・アメリカン・リズムと上手くミックスさせた。左翼の思想と理想を持ち、EZLN（サパティスタ民族解放軍）活動家で、ファースト・インディーズ・リリース・アルバムの『A la Izquierda de la Tierra』からファースト・シングル「La dosis perfecta」を出してメキシコ国内のトップ・チャートに入ったことで、BMGメキシコが彼らと急いで契約を結んだ。MANU CHAOの大観衆の前で彼らのオープニング・アクトを努め、LOS FABULOSOS CADILLACSのFLAVIO CIANCIARULOの目に留まり、2002年の彼らの次のアルバム『Compañeros Musicales』をプロデュースしてヒット・シングルの「La Carencia」や「Esta Noche」を生み出した。アルゼンチン、南アメリカ、アメリカ合衆国、カナダ、ヨーロッパ全土をツアーしてまわり、特にドイツでは人気が出て、メキシコのトップ・バンドとしてほとんどの有名なフェスティバルでプレイをした。8枚のアルバム、世界中でのソールド・アウト・ライブ、ミリオン・セラー・レコードで彼らは世界で一番成功したメキシカン・ワールド・ビート・バンドと言える。

2010年、15年のノン・ストップ活動の後、バンドは最新作『Ejercito de Paz』を彼らのアルバムを扱っていたメジャー・レーベルの手を借り、インディペンデントとしてリリースした。PANTEON ROCOCOと呼ぶこの素晴らしいラテン・スカ・フュージョンの曲は現在でも最も成功を収めた作品で、僕達の住む今のメキシコの荒んだ状況を表した「Democracia Fecal」はメキシコの政治に真っ向から立ち向かって、また「Payaso de Mentiras」はこの国の腐敗しきった政治家たちへ言葉で反論をとなえている。彼らの音を聞けば17年たった今でもベスト・バンドであり続ける理由がすぐにわかるはずだ。

ンドVOODOO GLOW SKULLSとのファースト・7インチ・スプリット・レコード、15カ国以上でアルバム・リリース・ツアーを行い、音楽業界のアンダー・グラウンドでもメイン・ストリームでも重要なアーティストMOBY、UNDERWORLD、DROPKICK MURPHYS、CAFÉ TACVBA、MAD CADDDIESなどのたくさんのバンドと一緒にプレイしてきた。また2012年、メキシコ・シティーのVive Latino FestivalやベルギーのTitail Rock Festival、カナダのVictoria Ska Festival、アメリカのVans Warped Tourそして2006年に発売されたWarped Tourのコンピレーション・アルバムにも名を連ねた。彼らはこれらのことを全てインディペンデントにDIYで成し遂げた唯一のメキシコのバンドだ。自分達のレコード・レーベルやTHE TOASTERS、VOODOO GLOW SKULLS、MXPXのMIKE HERRERAなどと一緒に仕事をしたCafeina Riot Radioというブッキング・エージェントをスタートさせ、業界で一番忙しいバンドのひとつだと言えるであろう。NOFXやDROPKICK MURPHYSから前座のオファーを受け、「Una y Otra Vez」、「See you in the End」や「Consecuencias」などのアンセムを生み出し、毎回の激しいライブ・ステージをする度に、彼らがパンク・ロックの歴史を刻むために存在することを見せ付けられる。

僕の中ではベスト・アルバムの『End Transmission』と新しいVOODOO GLOW SKULLSとの7インチ・スプリット中のロックステディとトラディショナル・スカの要素のある「Stretch Your Hand」をお薦めする。楽しんでくれ。

このレポートを終わるにあたり、僕の国の素晴らしいスカ・シーンを少しだけ皆に紹介する機会に恵まれたことを感謝する。僕がこれを書いたことを楽しんだように皆も楽しめたことを祈ってるよ。良い夜をそして世界中でスカの炎をたやさないように。

BERNIE LEOS G. (LOS KUNG FU MONKEYS)
2012年 メキシコ・ティファナ "Cafeina Riot Radio Records" にて

LOS KUNG FU MONKEYS

アメリカのAlternative Press誌により"メキシカン・ツアー・マシーン"と名付けられ噂になった彼らは、1997年にメキシコでキャリアをスタートさせたの。メキシコのスカ・パンク・ムーブメントのパイオニアで、メキシコでは国中をバンドがロード・ツアーにでるのはそのシステムの不足から難しいと言われていたにもかかわらず、メキシコ全土をツアーして周った最初のバンドの一つである。代表作のファースト・アルバム『Rebuilding the World』を2001年にリリースして以来、彼らはずっとツアーを続けている。負け犬といわれ誰にも彼らが今の位置に達成するとは思われていなかったにも関わらず、彼らは今日「メキシコで一番重要なアンダー・グラウンド・バンド」と認識されるようになった。3枚のフル・アルバム、2枚のEP、1枚のシングル・コレクション・アルバム、伝説のスカ・コア・バ

LOS KUNG FU MONKEYS
『And They Came From Tijuana』
(SIWI196)

NOFXやDROPKICK MURPHY'Sとのツアーやスプリット・7インチのリリース、東京スカパラダイスオーケストラも出演した、メキシコ最大のフェス、Viva Latinoへ出演するなど、メキシコでは大人気のLKFM。STRUNGOUTやCHOKING VICTIMなども手掛けたMIKE TRUJILLOのプロデュース。90年代のUSスカ・パンクや日本のアッパーな王道的スカ・パンクにラテン・テイストと特有の祝祭感をミックスさせた激キャッチー&ファスト・チューン、DROPKICK MURPHY'Sファン必聴のシンガロング・ソングや、クラブ・ヒッツ確実なアンセム的スカ・チューンなど、飽く事なく踊らせつつも暴れさせる、聴きどころ満載のマスト・アイテム！

cafeina-riotradio.com/loskfm

SPECIAL FEATURE No.03
RICO RODRIGUEZ feat. 石川道久セッション

石川道久・アルト・サックス／ワダマコト・ギター、トレス／小粥鉄人・ベース／菅沼雄太・ドラムス／内田コーヘイ・バイオリン／伏見仁志・トロンボーン

Text by MICHIHISA ISHIKAWA

　リコ・ロドリゲスのことを書こうとしている。2011年10月に、「リコ・ロドリゲス featuring 石川道久セッション」として、新潟、仙台、東京・新宿の三ヵ所でライブを行う機会を得た。(名古屋と豊田は名古屋のスカ・バンド、ルード・プレッシャーズが出演。) リコの詳しいプロフィールはここでは割愛させてもらいますが、今回が最後の来日かも知れない…そんな想いは正直あったのだ。単独での来日は久々であったものの、2000年代の一時期は頻繁に来日していた印象がある。(わたしも何度か共演する幸運に恵まれたが…。) しかし年齢が原因なのかそれとも企画が原因だったのかはわからないけれど、どれも満足度が高い演奏ではなかったし、最近の演奏を聴いてみても (YouTube…いい時代ですね) やはり精彩を欠いていたのだった…。共演を承諾し (当初は2011年春の来日予定だったが震災で延期となる) そろそろリコのレパートリーを聴き始めようか、リハーサルを始めようかとしたのだが、「不安感」がどうしても先に来てしまう日々が続いていた。

　そんな9月、長野県・木崎湖での野外イベント「peaceful garden」でのこと…バック・ステージで「こだま和文」さんにこう言われ背中をソッと押してもらえることができた、「なぁ、石川くん、リコがあの年齢で日本に来てくれるだけでありがたいじゃないか。俺はあの年齢になったら吹けないと思うんだ。そりゃ (全盛期のように) 吹けないかも知れないけど、みんなでリコを温かく包んでやってくれ…。」

　石川道久セッション (バンド名) は、いつも六人編成だが、仙台と東京公演にはキーボードの「エマーソン北村」さんにも参加していただき、磐石の体制でリコとの共演を迎えることになる。

　新潟公演の前日、三軒茶屋のスタジオで一度だけのリハーサルを一緒に行うこととなった。わたしが渡したリハーサル予定曲を書いた小さなメモ用紙を眺めながら、我々の演奏をずっと聴いてくれているのだが、一向に楽器をケースから出そうとしない…さすがにボーカル曲は軽めに歌ってくれたけど…何曲かエンディングについて指示があったぐらいで、スイスイ進んでいく。「あまり体調よくないのかな？」そんな心配もしたくなるところだったが…実は、安心してくれていたのだった。「オレが吹かなくてもいいんじゃないか？」そんな冗談も飛び出すぐらい、正直ホッとしながら…結局楽器をケースから出すことはなかったのだが…本番はこれからなのだ。

　その夜は群馬県・水上温泉まで移動して一泊したのだが、夜中までリコの部屋でいろんな話をして過ごしたことも思い出深い。どの場所でも今回の制作・招聘のJAPONICUS・Shogoさんの配慮でリコと我々バンドだけで静かに過ごす時間があったことが本当に良かったと思う。リコはいろんな話をしてくれました、ここではちょっと書けない話もたくさんあるのですが…(笑)。政治のこと、災害のこと、サッカーのこと、幼少のころの話、イギリスに渡った60年代の苦労話…などなど。ジャマイカには優秀なミュージシャンがたくさんいたのに若くして亡くなったり演奏を断念せざるを得ない状況になったり…そんな中でこの年齢まで演奏出来ることはラッキーだと何度も語るリコ。そしてハッキリこうも…「ドン・ドラモンドがやりたかったことはスカタライツでやってることではなかった」と。ガーン。

　しかしなるほど、なるほどなのだ。この辺りのことは、わたしの筆力では巧く書けないし推測も入ってしまうのだが (そもそも英語理解力に乏しいので)、リコ・ロドリゲス (1934年生まれ)、ドン・ドラモンド (1943年生まれ～1969没)。…なぜかリコはドンの後輩と位置付けられているのであるが…リコは1961年にジャマイカを離れイギリスに渡っているから、わたしの中では「スカ」オンリーの人ではなかったのだが、(スカタライツの活動は1963結成～1965で一旦中止している。) 同じトロンボーン奏者のドン・ドラモンドにも何か規格外の恐ろしさ (いい意味でです・天才といえばそれまでだが) と「スカ」オンリーの人ではない「何か」を感じておりました。(スカタライツはやはりトミー・マクック、ロイド・ニブでしょうか…この話はまた別に譲るとしましょう) いまとなってはドン・ドラモンドの残された演奏の奥から「何か」を想像するしかないのですが…それが、リコのレゲエ史上に燦然と輝く "名盤"「MAN FROM WAREIKA」に繋がって行くのではないか？ などと想像するのですが…いかがでしょうか。

　話を元に戻します。新潟、仙台、東京の三ヵ所ともいずれも違うライブ、リコは同じライブは二度とやりませんでした。だからどこがどの日が良いライブだったかなどとは言えないのです。(曲は変えませんでした。)

　ツアー中はずっとご機嫌で絶好調でした。近年では最高、90年代ぐらいの好調さの演奏だったと思います。とある曲では「レコード通りにやることはない、レコードのことは忘れて、オレについてこい」と言ってから必ず始めていたし、突然ボーカルを始める曲もあったりとこちらも予測不可能でドキドキではありましたが、ステージ上で顔をくしゃくしゃにした満面の笑顔を見ることができ、幸せでした。なにより現時点でのリコの最高の演奏とパワーそして笑顔を皆さんに届けるお手伝いが出来たことに喜びを覚えます。どの会場のお客さんも本当に温かく暖かくリコを包んでくれました。

　どこまでも自由で、どこまでも美しく、そして楽しく、喜びいっぱいだけど、ときには怒り、悲しみ、なんだかちょっぴり厄介だったりする「ジャマイカ・ミュージック」の素晴らしさ…リコとのツアーでまた得ることができました。リコの音は「大地の音」なのだ。地球と一体化したような、自然に立ち尽くす「木」や「石」のように、そして「川」のように悠々と流れていく、そんな存在の、「リコ・ロドリゲス」なのです。

　こんな時代の空気を震わせてくれるトロンボーンをまた必ず聴かせてくれるだろう。待ってます。

―― 石川道久

NEXT COMIN'

今回ディスクガイドにて紹介しきれなかったバンドを含め、日本のスカ・シーンにはまだまだ見逃せないバンドがたくさん存在します。ここでは（その一部になりますが）、次のシーンを牽引するであろう注目のバンドをまとめてご紹介します！

1. バンド結成と活動を開始した時期　**2.** 活動拠点　**3.** スカバンドとして活動を始めるきっかけになったバンド、目標としたバンド、または影響を受けたバンド　**4.** プロフィール

ADAMOSTE KINGS

1. 1997年　**2.** Kieth Flack／福岡　**3.** VOODOO GLOW SKULLS、MANU CHAO　**4.** 博多の呑んだくれ5人編成。メンバーは、HIROSIX (Vo)、NAMY (G)、RIEU (B)、KO-ICHI (Dr)、ASUKA (Ts)からなる。結成当初は、ビリー色が強めのサウンドだったが、幾度かのメンバー・チェンジとともに音楽性も進化してきた。現在は、呑んで踊れる「パンク」「スカ」のサウンドにこだわって、博多一のパーティ・バンドと呼ばれるべく日々活動中。

adamostekings.com

Beat Bahnhof

1. 2012.4.21　**2.** 東京／都内近郊　**3.** Oi-SKALL MATES　**4.** ネオスカの殻と何年かの沈黙を破り"4th Wave Ska"の独自スタイルを掲げた元ROLLINGS、元THE AUTOCRATICS、元Step By Step等のメンバーを擁す突如彗星の如く現れたパーティーバンド!! 2013.11に自主盤 ミニアルバム「DEAR PASSENGERS,」をリリース（ライブ会場もしくはWEB通販のみ）

beatbahnhof.com

beat sunset

1. 2006年 2. 札幌／JAMUSICA他 3. THE SKATALITES 4. 札幌を中心に様々なシーンで活動をしていたメンバーによって結成されたスカバンド。スカを基本とした、リディムに乗るホーン・セクションの卓越した演奏力とパフォーマンスには定評がある。古いジャマイカンミュージックの空気、音を目指しつつ、誰もが楽しめる独自のサウンドを求め、精力的に活動中。2013年8月には待望の1stフルアルバム『one』がリリースされ、今後の活動から目が離せない。

beatsunset.com

COCONUTS PINE

1. 2005年 2. 北海道 3. KEMURI、POTSHOT、QUACK 4. 北海道のCOCONUTS PINEでございます！ マイペースにやってますでホームページチェックしてライブに足を運んでくださいな！

http://ip.tosp.co.jp/i.asp?i=groooovy

THE CONVICTIONS

1. 2005年、大学のサークルで結成。 2. 福岡 3. LESS THAN JAKE、KEMURI、SNUFF、NOFX、MILLENCOLIN、THE CLASH、THE SPECIALS、OPERATION IVY、RANCID、Sublime、ALL/DESCENDNT 4. 僕達は福岡を中心に2005年から活動を続けています。今までは Ska、Punk、Rockに影響を受けて作曲してきましたが、これからはReggae、Dubの影響も取り入れて、もっと大きな振り幅を持って新しい事に挑戦していきたいです。

www.facebook.com/theconvictions

Cubetone

1. 2009年9月 2. 東京 3. THE MICETEETH 4. 2009年、東京で結成された9人組スカバンド。初期はインストを中心に活動し、2012年にはボーカルの加入を機に歌モノにも幅を広げる。これまでに3枚のデモ音源をリリース。自主企画スカイベント『Ska way that』、隔月開催の自主企画＜LUIDA＞を中心に、スカイベント、お祭り、地方ライブ、路上ライブ、PV撮影など、精力的に活動。社会人の限界に挑戦し続けている。

cubetone.com

DRACAENA

1. 2007年春 2. 下北沢 3. THE SKATALITES、PRINCE BUSTER、DETERMINATIONS 4. 60´sに生まれたORIGINAL SKAに影響を受けた、7人編成によるオーセンティック・スカ・バンド。あくまでオリジナル曲にこだわり、"陽気な気持ちにさせるSka"、"哀愁漂うRock Steady"をテーマに原点を意識しつつもジャンルの型にはまりすぎず、DRACAENA独自の解釈でJamican Muzikを奏で日々模索中である。2011年1月にようやく初ライブを行い、オリジナルなスタンスで緩く活動中。

Twitter: @DRACAENA_SKA

EL CARNAVALOW

1. 2011年 2. 山梨、東京 3. MANU CHAO、INSORENCE、MAD CADDIES、FISHMANS、RED HOT CHILI PEPPERS 4. カテゴライズした時点で僕らの音楽の創造は止まる。ボーダレスこそがEL CARNAVALOWの真骨頂。富士の山から授かったパワーを、音で表現できる喜び。そして音楽を続けられる事への感謝。ROCK、PUNK、SKA、REGGAE、MESTIZOの旅。乗るか乗らぬかは君次第、僕らは自由に楽しむよ。FISHBONEのアンジェロは言ってたよ。"FREE YOURSELF"それを音で体現するだけ。

www.elcarnavalow.com

GREENWELL

1. 2008年　2. 東京、マレーシア　3. LESS THAN JAKE, KEMURI, NOFX, RANCID, FRUITY, MIKE PARK　4. 90′sから00′s前半のMELODIC PUNK、SKA PUNK、SKA COREを彷彿とさせる「キャッチーだけどどこか変態的」と評される時代に媚びない曲調で、国内に止まらずマレーシア、シンガポールでも人気を得る。2013年6月 Art of Speed Malaysiaにヘッドライナーとして招待されクアラルンプール、ジョホールバルにてライブを行う。2013年7月に待望の1st Full Album『Break Your Shell』をnervhous recordsより発表。

54.xmbs.jp/greenwell

higurashi records inc.（ひぐらしレコード）

1. 2009年　2. 渋谷／Roots　3. DETERMINATIONS、THE MICETEETH、EGO-WRAPPIN′、WACK WACK RHYTHM BAND　4. どーもはじめまして、ひぐらしレコードです。現在は6人編成で、スカ〜ルーツレゲエをやっています。往年のSTUDIO 1音源のような、美しくて骨太でシンプルでかわいらしい…つまり柳原可奈子さんのようなサウンドを目指して活動しています。

www.higurashirecords.com

イナセ交進曲

1. 2004年結成。2007年より現メンバー編成となる。　2. 金沢を拠点に北陸三県　3. 2 TONE SKA、80年代後期から続く主にヨーロッパのNEO SKAバンド。　4. Vo&Gt, Ba, Dr, Key, T-Sax, A-Sax, Tbの男女7人編成。一風変わったバンド名だが、真面目に2 TONE、NEO SKAの雰囲気を感じさせてくれるストレートでわかりやすい楽曲が特徴。2011年に2 nd自主音源「BEAT STOCK REVIEW」をリリース。音源や情報発信量こそ少ないが、一聴の価値あるバンドだ。

J.J SESSION

1. 2008年結成　2. 都内近郊　3. JAZZ JAMAICA　4. スタンダード．ジャズをジャマイカン・スタイルに料理して演奏する「ジャズ・ジャマイカ」のスタイルに強く影響を受けたメンバーにより2008年に結成。スカ・レゲエ・ジャズ・ラテン等のブラック・ミュージックのカヴァー曲を基盤に置き、スカ・ジャズ特有のブルージーなインストものからポピュラーでキャッチーな曲まで、幅広く演奏し独自の路線でライブ活動を展開中。渋谷HOMEにて不定期で行っているイベント＜PANORAMA＞へレギュラー出演中。

jj-session.jugem.jp

KING OF CAFE' THE SKA STYLE

1. 2009年　2. 岡山　3. 2TONE RECORDSのバンド　4. ハードコア、ガレージパンク、教会音楽などを様々なジャンルを通過してきたメンバーが作りだすＳＫＡはまさに唯一無二。さらにメンバーの活躍はバンド活動だけに留まらず、DJイベントなど、精力的に音楽での遊び場を拡げ展開中！　本気で遊ぶRude boy & Rude girlから繰り出される音で、飲んで踊ってLet′s party！！！

facebook: KING OF CAFE' THE SKA STYLE

THE LITTLE BITCH

1. 2003年　2. 鹿児島県霧島市／国分FUZZ ROCK HALL　3. KEMURI　4. 楽しい音楽、楽しいライブを目指し活動をしています。鹿児島で定期的にライブの企画、出演をこなしてます。県外でのライブも精力的に行っており、今後も味のあるおっさんSKAバンドを目指し、活動していきます。

http://ip.tosp.co.jp/i.asp?i=tlbtlb

LODEO DRIVE

1. 2008年3月 2. 広島 3. SNAIL RANP、LESS THAN JAKE、KEMURI 4. 2008年 SNAIL RANP、Less than jakeに影響を受け結成。3ピースで放つ90'sサウンドは聴く者達を魅了し、どこか泥臭い世界観は最高かつ最低なダンスフロアーへ連れて行ってくれる。

ip.tosp.co.jp/i.asp?i=lodeodrive

mancho cancho

1. 2007年4月 2. 東京 3. RUDE BONES、BLUE BEAT PLAYERS、THE SKA FLAMES、SKATALITES、Fishmans、THE CLASH、MUTE BEAT、THE SPECIALS、DRY&HEAVY、BRAVE LION 4. 2006年、GIANTCARP、ONEDROPSの復活バンドとして結成。翌年、mancho canchoとして活動を始める！ ホーン中心にREGGE/SKAなどを基調にしつつ、Rock、Funk、Dubなどの音楽のアレンジを加えた、ごった煮サウンド。自主企画＜HIGH TIDE＞も開催し、絶賛活動中です!!

www.elcarnavalow.com

MILD STEP

1. 2004年／2006年よりLIVE活動を開始 2. 岡山 3. DETERMINATIONS、THREE SEVEN、THE SKATALITES 4. SkaやRock Steadyに影響を受けそのスタイルを追及しながらも、独自のサウンドで演奏中。メロディアスなボーカルチューンはSka好きだけでなく多くのリスナーを魅了している。過去に2枚の自主制作音源をリリース。楽曲がCMやサーフムービーのBGMとしても起用され話題となる。また、自主企画イベント＜YOU ARE SO DELIGHTFUL＞を不定期開催し、Skaへの情熱を抱き、マイルドに活動中。STEP MILDLY !!

www.facebook.com/mildstep

NO KIDDING

1. 2007年 2. 熊本Django 3. OPERATION IVY、ASSORTED JELLY BEANS、THE SUICIDE MACHINES、DFL、COKEHEAD HIPSTERS等。 4. お互い青春時代に影響うけた80、90年代のロックをベースに、以前のバンドの経験と今の経験を足して割ってやってます。九州で俺たちがいる限りスカパンクはなくならない！ と自負して諸先輩方を裏切らない活動と若手育成に勤めてます。自身の企画「GAIN LINE」は前身バンドからやっていて熊本で1番長い歴史があります。

http://ip.tosp.co.jp/i.asp?i=NO_KIDDING69

NO SWEET

1. 2010年8月、10月より活動開始 2. 町田／町田Nutty's 3. IDOL PUNCH、FUCK YOU HEROES、RAZORS EDGE 4. 元々、ホシツカサがやっていたバンドのギターが抜けてコバヤシケンイチが加入。その後一切活動することもなくバンドが空中分解…。取り残されたホシとコバヤシで自分達がやりたかったこと、自分達が楽しめるバンドをやる為に結成。その後、モリが加入。FAST/THRASH系のショート・チューンにスカを混ぜた「FAST SKA」を引っ提げて活動中。

http://ip.tosp.co.jp/i.asp?i=nosweet

OCCUPATIONS

1. 2010年 2. 名古屋 3. THE SKATALITES 4. 2011年のRICO RODRIGUEZ来日ツアーでオープニングアクトを務める。2012年には今までのバンドスタイルから一新し、名古屋若手ミュージシャン協力の下、宅録したトラックにテナーサックス、トロンボーンのRUB A DUBならぬRUB A JAMスタイルに再編。名古屋のライブハウスはもとより、クラブ、カフェなどでも精力的に活動している。2人の純粋なジャマイカンミュージックへの敬意と追求をテーマにした独自の解釈での表現は、聴く者の心にダイレクトに響くであろう。

myspace.com/occupations2010

OVER LIMIT

1. 1997年10月 2. 大阪／心斎橋DROP 3. OPERATION IVY、LESS THAN JAKEのレコードと出逢ってからこんな音楽をしたいと活動をはじめました 4. OPERATION IVY、LESS THAN JAKEにあこがれて"OVER LIMIT"を結成。初のリリース作品が16,000枚を超えるセールスを記録するなど、関西スカ・パンク・シーンの中心で活躍。一時路線変更をするも、2010年スカ・パンク復活。日本のスカ・パンクの中で、最速と言える裏打ちスカ・カッティング・ターボ搭載!! キッズ達よ、このスピードについてこれるか!?

overlimit.syncl.jp

REI MASTROGIOVANNI

1. 2003年 2. 東京／渋谷Glad 3. FISHBONE、SCAFULL KING、Rx BANDITS、PILFERS、THE POLICE 4. 大阪生まれアメリカ育ちの、関西系アメリカン・ミュージシャン。自身の多彩なバック・グランドやルーツを背景に、アメリカと日本の「良いとコ取り」極上ポップ・ミュージックを生み出す。英語と関西弁を話すハイブリッド&フレンドリーなキャラクターで異彩を放ち、ミュージシャンのほかにも、音楽DJ／モデル／番組パーソナリティ／イベントMC／翻訳・通訳／グラフィック・デザイナーなど、日本を拠点として幅広く活躍中。

reimastro.co.nr

ROOT DOWN FIVE

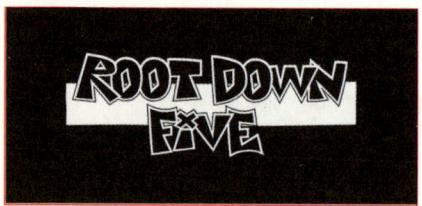

1. 2012年夏 2. 秋葉原studio REVOLE 3. OPERATION IVY、THE SUICIDE MACHINES、THE CHINKEES、AGAINST ALL AUTHORITY、CHOKING VICTIM、COQUETTISH、U CAN'T SAY NO! 4. 平均年齢高めの新人バンド。EAST BAY PUNKにSKAをブレンドした個性溢れるサウンド、ってそれ完全にOPIVYやないかいってツッコミも鼻で笑いつつ、Oi/STREET PUNKの影響も垣間見れ、更にはほとんどの曲をユーモア溢れる日本語詞で歌い上げている。

THE ROULETTES

1. 2009年3月 2. 新宿、渋谷 3. THE SKATALITES、THE SOUL BROTHERS、THE DESCRIPTIONS 4. 8人編成スカ・バンド。JAMAICAで生まれたSKAの持つ土臭さや哀愁漂うせつなさ、乾いた空気感を感じさせる音、それらを表現することに貪欲に拘り続けている。

theroulettes.info

SCANDALASS TRUMPMAN

1. 2002年 2. 埼玉／都内近郊 3. Oi-SKALL MATES 4. 人知れず2012年で結成10年目になりました。目指せ20周年!! 都内近郊でひょっこりライブをやっておりますので見かけたら是非とも〜! Member: NUKUI BOGARD(Vo)／ONO THE KID(Ba)／EVER GREEN(Gt)／T-SCONE(Dr)／HASIZUME87(Tp)／MUSH JJ(T.sax)／VIVA ROCK(A.sax)／OGANDA(Tb)

nukuibogard.com/scandalass

THE SCAMPERS

1. 2005年4月 2. 新潟県新潟市／新潟GOLDENPIGS 3. KEMURI、東京スカパラダイスオーケストラ 4. 越後の国から全国へ、8人組が踊音楽(とうおんがく)を奏でている。「みんなで踊って、みんなで楽しむ」をコンセプトに県内外で活動中。新潟の浜辺に明るく降り注ぐ太陽のような陽気さ、荒れ狂う日本海のような勇壮さ、そして家族、友人、恋人、全てのソウル・メイトへの想いから出る郷愁感。彼らの想いをのせた音楽はONE & ONLYのDramatic Party Music「越後SKA」として多くのフォロアーに届けられている。

the-scampers-web-site.webnode.jp

SPYZZ

1. 2003年 2. 新宿／渋谷 3. THE BUSTERS、THE HOTKNIVES、THE SPECIALS 4. 都内を中心に活動する8人組スカ・バンド。2TONE SKAをベースに様々な要素を取り入れナイトクラブを意識した独自のサウンドで活動中。多くの来日アーティストのツアー・サポートを務め、アンダー・グラウンドながらも、日本の2TONE、NEOSKAシーンには欠かせないピースの一つとして独自の活動を展開。2007年にはフジロックに出演、2010年には初単独音源をリリース、全国ツアーをし好評を得る。

spyzz.com

SUBLIMINAL RIPPLE

1. 2011年4月結成。 2. 大阪／KING COBRA、火影 3. POTSHOT、LESS THAN JAKE、VOODOO GLOW SKULLS、STUCK LUCKY、BLUE MEANIES、CHOKING VICTIM 4. 大阪を中心に活動するスカ・コア。メンバー・チェンジを重ね今の7人に落ち着く。SKA、PUNK、HARDCORE等に影響を受けた重く、速く、暗い攻撃的な曲調が特徴。現在までに3枚のDEMO音源を発表。定期的に自主企画を行うなどマイペースに活動中。

21.xmbs.jp/subliminalripple

Two Lead

1. 2011年11月 2. 名古屋／池下CLUB UPSET 3. THE BUSTERS 4. 名古屋を中心に活動するバンド。2011 OXを中心に結成。同年11月初ライブ。ルーツ・ミュージックを尊重しながらも新しい音楽を求め、日々活動中。現在ファースト・デモ音源発売中。

twolead.net

vagarious vagabondage

1. 2007年 2. 名古屋／上前津Club Zion 3. STREETLIGHT MANIFESTO 4. 名古屋を拠点に活動しているバガリアスバガボンデージ。7人で構成される、スカ・パンク・バンド。スカ、パンク・ロック、レゲエ、アイリッシュ、メロコアなど様々なジャンルを取り入れ聞く人を飽きさせないサウンド。Vo.DAIKIの絶妙な歌に加え、時に心地よく、時にハッピーに時に衝動的に入り込んでくるホーン・セクションは聴く人を圧倒すること間違いなし！ そして七人の「男臭さ」溢れるステージングにも注目！

vagariousvagabondage.com

yammy mammy

1. 2012年 2. 大阪／難波Mele 3. モアドモア、DANCE HALL CRASHERS、THE SKATALITES 4. メンバー全員22才（2013年現在）の次世代型ガールズSKAバンド。同世代の女性の心情をポップなメロディにのせたちょっと切ないオリジナル・ソングとRAMONESの「電撃バップ」など、R&Rレジェンドな曲の女子目線解釈カバーを武器に活動中！ 2014年3月に1stアルバム『ミスターボーイ』を発売。

ameblo.jp/yammymammy0317

The Wailers

1. 2002年5月 2. 岡山 3. THE SKATALITES、BOB MARLEY、THE WAILERS 4. 倉敷の老舗Reggae bar Doobyに開店当初から集まっていた、倉敷をこよなく愛する仲間たちによって2002年春、結成。これまでCool Wise Man with EDDIE "TAN TAN" THORNTON など他にも多くのSkaやReggaeのアーティスト達と共演を果たす。主にAuthentic Skaを好んで演奏するが、最近では様々なジャンルにも挑戦している。特にJamaican Jazzなどの音楽から強く影響を受けている。夏に＜Fly through the Caribbean＞というイベント倉敷市内で主催している。

The eskargot miles

SPECIAL INTERVIEW N°09

Text by TAKESHI MIYAUCHI

観る者・聴く者を必ず笑顔にする、太陽のような明るさをもったスカ・バンド、The eskargot miles。そのポジティヴな解放感あふれる演奏に到達するまでには、さまざまな紆余曲折があったという。結成10周年の2012年にリリースしたサード・アルバム『with LOVE』についての話を中心に、10年間の変化をボーカルの村田伸明とギターの伊藤大輔に語ってもらった。

——The eskargot milesは結成10周年を超えましたが、最初からスカ・バンドとしてはじまったんですか?

村田 そうです。スカ・バンドがやりたくてメンバーを集めて。学生時代の仲間が半分ぐらいで、ギターの伊藤は広島から上京して、友人の家に居候してたところを紹介されて。

伊藤 その当時は、スカ大嫌いだったんです(笑)。もともとスラッシュメタルとかが好きだったんで、好きになるまでかれこれ5年はかかりましたね。

村田 そんなにかかったのかよ!

——結成して4年目でデビュー・アルバム、その翌年にもアルバムを発表と、早くから活発なリリースが続きました。

村田 ファースト・アルバムは、最初の4年間でずっとやってきた曲をパッケージして。サンセットのようなフェスにも呼んでいただけるようになって。

伊藤 1枚目を作ってる時は、演奏してる僕らも、さほどスカを知らなかったし、なんとなくこんな感じかなって手探りでやってて。2枚目の取材では「昔よりもスカがわかった」なんて言ってたんですけど、そこからみんな悩み出すんですよね。

村田 2枚続けて作ってみて気付いたこともあったりして、考えるためにしばらく充電期間に入ったんです。

——実際、今回のサード・アルバムまでは、5年の月日がかかってます。

村田 その5年間は紆余曲折ありましたね。一度、ちゃんとスカをカヴァーして、あらためてスカのビートを体感してみようとか、それを自分たちでアレンジを変えてみようと

か、いろいろ悩んだ時期があって。その中で新曲も作っていって、悩みながらも進めていくなかで残っていく曲もあって。10年目を迎えるにあたって、僕らなりのThe eskargot milesの音楽を見つけていったことが、今回の『with LOVE』につながったのかなと。

——『with LOVE』を発表してからのThe eskargot milesのライブを拝見した時、以前よりもすごく開けたような印象を感じたんです。バンド全体でオーディエンスをエンタテインメントさせようっていう、外向きなパワーがあって。

伊藤　これまではオーセンティック・スカとはなんぞやっていうものを深く考えてようとしていたのが、結局「オーセンティックなんて無理!」って吹っ切れたというか。真似しようとしても出来ないですからね。

村田　それよりももっと突き抜けたいというか、やっぱりお客さんに楽しんでもらいたいって想いが強いんで。俺らを観て、スカっていうものを知ってもらったり、いいなって思ってもらえるきっかけになれたらいいなって。そう思えるようになったのは最近ですかね。ようやく腹が決まったというか。

——そうして完成した『with LOVE』は、心地よく伸びやかなボーカルも象徴的なように、すごく解放感に満ちたアルバムだなって感じました。

村田　今までは自分たちで自分たちの首を絞めてたようなところがあったけど、この3枚目で突き抜けたいって気持ちがあって。そういうのを全部ぶった切って、メンバー全員が伸び伸びと自由なアレンジでやろうって思ったんです。そうしたら、みんな一枚殻が破れた感じがあって。そのままの勢いでレコーディングに突入できた。

伊藤　お互いを信頼して尊重しあって。そういう意味での〈LOVE〉でもあるんです。

村田　10年目にしてやっと!(笑)。

伊藤　それまでは、みんな会ってもほとんど喋ってなかったもんね。

村田　なんなら、ここ(村田・伊藤)が一番仲悪かったんじゃねぇかっていう(笑)。でも、ここに来てやっと、お互いの違いを認めあえるようになった。だから今は、みんなのことが大好きです(真顔)。

——ガハハハ(笑)。

村田　10年目にしてようやく、バンドが家族のように思えてきて。10年間、このメンバーで歩いてこれてよかったなって思ったんですよね。その時に、ようやくお互いの個性の違いを認められるようになったし、メンバーのことが大切な存在に思えてきた。10年目にしてようやく気付けたってことは、その想いは歌にしないといけないと思ったんです。それで作ったのが「君と笑えば」という曲で。今までエスカルゴのオリジナルは英語詞でやってたんですけど、10年目の挑戦として、自分の想いをストレートにぶつけるのはやっぱり日本語じゃないと、って。正面から歌に対して向き合った感じですね。

伊藤　一度上げて来た歌詞が、いまいち馴染めなくて、リハの後みんなで歌詞を考える会議もしたよね(笑)。

村田　やっぱりこの曲で歌うなら、メンバーに対して感謝を伝えたかったし、それが聴いてくれる人にとっても、共感してもらえる歌詞じゃないとなって思って。書いてみてあらためて、仲間の絆とか、友情っていうのが、自分にとってどれだけ価値があるのか気付くことが出来ました。お互いの嗜好にも寛容になってくるから。アルバム通して聴いたら、それぞれの音楽性のバラエティさも感じられるし、結構いろんな雰囲気が出てるかなって。だけど10年もやってきてるんで、トータルではThe eskargot milesらしさみたいなのがしっかり出せてると思います。

伊藤　バンドもここからだなって感じはしますね。10年間でアルバム3枚しか出してないし、オリジナルの曲は何曲出来たんだって話ですよね。だらしなさすぎるというか、名前の通り、かたつむりみたいにゆっくりした速さなんですよね。さすがに、もうちょっとテンポアップしないとなって。

——ここに来て改名しちゃったり?

村田　〈ザ・パンサー〉とかね(笑)。アルバム『with LOVE』は、バンドの10年間の集大成でもあり、リスタートでもある。10年目にして新しい一歩を踏み出したような気持ちです。

(2012年7月2日取材)

The eskargot miles
『with LOVE』
(Galactic / GLCD-0031)

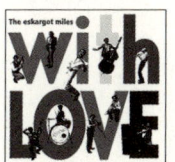

www.eskargotmiles.com

SPECIAL INTERVIEW N°10

THE SKINTS

ロンドン西部を拠点にソウルフルなレゲエを基本に現在のUKシーンを代表するバンドへと躍進したTHE SKINTS。日本で一番のフォロアーと言っても過言ではない、REI MASTROGIOVANNI氏がバンド結成当初から現在までについて聞いた。

Interview, & Text by REI MASTROGIOVANNI

——90年代のスカ・パンク・サウンドをそのまんま今もやり続けるバンドが沢山いる中、THE SKINTSからは常に「新しい」何かを感じます。すべての曲にどこか一つはひねりを加えている印象がありますが、これはTHE SKINTSのこだわりですか?

確実にそうだね! いろいろなジャンルの音楽から影響を受けているけど、他のものとは違った音であることが僕らにはとってもとっても重要なことなんだ。

——ドラム・ヴォーカルがソウルフルに歌い上げ、ギター・ヴォーカルがパンキッシュな早口ラップ、女性のキーボード・サックス・ヴォーカルが美声エンジェル・ヴォイスという、メンバー4人中3人が全く違うタイプのリード・ヴォーカルであることがTHE SKINTSの大きな魅力の一つだと思いますが、結成当時から3人それぞれリード・ヴォーカルを取るスタイルだったのですか? どのような過程、影響があってこのスタイルになりましたか?

まったく違ったんだよ。バンドを始めた頃はジョシュだけがヴォーカルで、JAMIEが加わったときレゲエ・スタイルの曲を彼が作りはじめて、MACIAは1枚目のアルバムから曲を書いて歌いだしたんだ。だから一緒に演奏したり曲を書いたりする過程で自然にこういった方向になっていった。時間とともに成長してTHE SKINTSのサウンドになったんだ。

——Ska In The World Recordsのコラムで「Ratatat」のPVを観て、初めてTHE SKINTSを知りました。第一印象は、ドレッドの美女がおとなしく早口ラップをしたと思ったらルード・ボーイがパンキッシュにラップ。歪んだベースにモダンな音作り、曲調とアレンジの新しさが衝撃的でした。一方、ニュー・アルバムを通して聴くと、ほかの曲は比較的に、よりルーツ・レゲエに近いサウンド。異色ともいえるこの「Ratatat」をリード曲に選んだ理由は?

「Ratatat」をリード曲にした一番の理由は、KATY Bの「On A Mission」のカヴァーを最初のPVとしてリリースした時、すごく良い評判を受けたからなんだ、だから『Part &Parcel』の最初のお披露目的な感覚でこの曲を選んだ、ちょっと泥臭い感じのものとしてね。

——THE SKINTSの音楽を流すとピースフルなとても気持ち良い空間が生まれるため、ライヴ・イベント等でDJする時にとてもかけやすいです。格好つけてリスナーを突き放すスタイルとは真逆で、こういった周りを巻き込んで一体感が生まれる音楽を演奏するのは、何100回ものライヴの回数を重ねるにつれ出来上がっていった方向性なのでしょうか?

それは僕たちの音楽に対する姿勢や僕たち自身が他のバン

ドを観に行ったときに何を期待しているかということにあると思う。いつも自分たちのライブは皆にとって一つの大きなパーティーみたいな感覚になるように作り上げようとしてる。ファンの人が僕たちと話したければその時間を作るし、みんなと過ごしたりもする。ここにはロック・スターはいなんいだよ！

──過去のアルバムでは、オリジナル・レゲエ・サウンド以外に、スカ・パンクやハードコアなサウンドを感じましたが、最近は、ディストーション・ギターがかなり減り、よりルーツなサウンドになっています。この変化を影響したのは何ですか？

ただ曲をどんどん作って、僕たちの音楽を熟成させてきているからだと思う。あとジャマイカン・ミュージックとリズムの歴史を探求したいから。「もうパンクはいらない」って言おうとしてるわけじゃなくて、ただそういった曲が生まれてきただけのことなんだ。

──スカ・パンクの大御所ともいえるREEL BIG FISHとLESS THAN JAKE、また世界的ヒップホップ・バンドGYM CLASS HEROESとステージを共にし、名DUBSTEPプロデューサー、BENGAやSKREAMにも認められるのは、音楽性も活動もとても幅広いTHE SKINTSの大きな魅力の一つだと思います。実際に、メンバーはどのようなバンドに影響されましたか？（音楽・活動スタイルなど含む）

全部のバンドだよ！　THE SKATALITESからPHARCYDE、ABYSSINIANSからWILEY、SAM COOKEからKINGTUBBYまで。全てのレゲエ、スカ、ソウル、ヒップホップ、ダブ、パンク、ロック、グライム、ジャズ、クラシック…エンドレスに続くアーティストやレコードのリスト全てからTHE SKINTSは音楽的影響を受けているよ。

──歌詞の内容を聞くと、「俺たちはいいVIBESを作りたいだけなのに、お前たちはごちゃごちゃ言ってくる」というようなフラストレーションを数曲から感じました。これは、オリジナリティーに特化したTHE SKINTSの音楽性のため、今まで様々な困難を乗り越える必要があったということでしょうか？　いくつか経験を教えてください。

たくさんの人が、特にイギリスでは、イギリスのキッズが作ったレゲエに対して冷たいと思う…。あるスタイルだかなんだかわかんないけど、その中で僕らは十分じゃないとか価値がないとかって感じ。僕らはただこう言いたいんだと思う、「何処から来ていようとどんな音楽でもプレイして楽しんで君自身を没頭させることができる、自分自身でありながらね、それが本当の君自身なら。」

──サウンド的にも最先端で活動しているTHE SKINTSのメンバーが、今一番気になっている現役のバンドを5バンドほど教えてください。（無名有名問わず）

THE HEPTONES、CLAYPIGEON、CAPDOWN、PRINCE FATTY、BEDOUIN SOUNDCLASH。

──日本にもとてもいいスカ・シーンがあります。日本で知っているバンドはいますか？　今後一緒にライブをしてみたいと思うバンド等、いたら教えてください。

唯一、知ってる日本のスカ・バンドは、メンバー全員女の子のオレスカバンドだけだね。知識がなくてごめんね！　あと、MIGHTY CROWNが日本で大きなレゲエ・サウンド・システムなのも知ってる。もし日本に行く機会があったら彼らのパーティーにぜひ行きたいんだ。他にお勧めのバンドを僕たちに紹介してよ！

──いつかぜひ日本でライブをしてほしいです！　来日するご予定、またはご希望はありますか？　どういった条件が整えば来てくれますか？（笑）

ぜひ日本に行ってみたいよ！　日本は絶対ツアーをして色々見てみたい国だね。ただ僕らの飛行機代をカバーできるぐらいのツアーを何日かブッキングしてくれる人が必要なだけだね！（笑）ありがとう Ska In The World…僕は15歳のとき（7年前）ロンドンのレコード店の All Ages Record でTHE SLACKERS が表紙のマガジンを手に入れたんだ。インタビューしてもらえて光栄だよ、ありがとう！

THE SKINTS
『Part & Percel』
(Bomber Music / LC24673)

THE SKINTS

2005年にロンドン西部で結成。初期はスカ・パンク・サウンドが中心だったが、2008年にTHE SLACKERSやTHE KING BLUES、THE AGGROLITES等のツアーを含む年100本以上のライブを行い現在のレゲエを基本にスカ、ダブの他にヒップホップなどを取り入れた、彼ら独特のサウンドを築き上げる。2008年にDo The Dogよりシングルをリリースした後、彼らを代表する作品となる、ファースト・アルバム『Part & Percel』をBomber Musicよりリリースし、人気＆実力を兼ね備えたUKを代表するバンドとなる。2014年に、待望の新作も予定している。

www.theskints.co.uk

SPECIAL INTERVIEW No 11

Cubetone

Interview & Text by NORIE OKABE

　2009年、インスト・バンドとして結成、2012年にはヴォーカル美波が正式メンバーとして加入し、新たに歩み始めたCubetone。スカを基軸に、カリプソ、ロックステディ、ボサノヴァなど多彩な音を盛り込み、ポップに料理するリズム・セクション、どこか甘酸っぱく郷愁を誘うメロディー、ちょっぴりハスキーで憂いのある陰陽併せ持った歌声と、心の機微を丁寧に描いたリリック——日本人ならではのアプローチが魅力的に映し出された、平均年齢27歳の若手注目バンドだ。2013年、大事な第一歩となるだろう初のフル・アルバム「Ones in town」が完成。ベーシスト＆曲作り担当のオオホリマサキ オ と、ヴォーカル美波 美 に話を聞いた。

——まずはお二人のスカとの出会いから聞かせてください。

　オ：初めて聞いたのは高校の文化祭のとき。地元の福島に有名なスカ・バンドがいて、その人たちのライブを観て「これがスカっていう音楽なんだ！」と。上京してからは、大学の先輩がやってたスカ・パンクのバンドに惚れこんで、それが縁でバンドに加入したんです。ベースは中学から軽音部で弾いていたんですけど、スカをやるからにはってことで、いろいろ聴くようになって……。なかでも影響を受けたのは、マイスティース。昔も今も変わらず、憧れの存在です。

　美：私は、実を言うとスカの魅力を知ったのがCubetoneに出会ってからなんです。だからまだスカ歴2年くらい。小さい頃からアイドルになるのが夢で（笑）。高校のときにロックバンドでヴォーカルを始めて、大学でブラックミュージックにハマってからは、地元・大阪のクラブで歌い始めて。R&B、ソウル、ジャズ、ブルース……バンドと一緒にいろんなところでライブしました。東京で勝負してみたいと思って上京したのが3年前。しばらくジャズのライブを続けていたんですけど、あるときCubetoneがヴォーカルを募集しているのを知って。PVを観てみたら、なんて楽しそうなんだ！って。

—— スカは知らないけれど？（笑）

美：そう（笑）。でも私がやりたい音楽っていうのは、まさにそこで。たとえば辛いことがあっても、そのライブを観た帰りにはハッピーになれちゃうような……。音楽にはそういう力があるってことを伝えられたらいいなと思って歌を続けてきたし、それをこのバンドで一緒にやっていきたいなって。それこそ何も知らないでやり始めたスカだけど、Cubetoneとの出会いは私にとって奇跡と思えるくらい素敵な出会いだったなって。

オ：僕もそもそもスカに惹かれたのは、なんだか人数が多くて楽しそうだなってところだったんで（笑）。みんなで踊って楽しんで、スカは最高のダンスミュージックだと思う。

—— Cubetoneはスカが基軸だけど、そこだけにこだわっていない感じがします。

オ：メンバーそれぞれいろんな音楽が好きだし、そういうところを織り交ぜてポップに表現するっていうのが僕たちらしさのなかなって。

美：言ってみたら"お祭りバンド"というか、みんなの個性やドラマを活かした曲をやっていきたい。

オ：美波を迎えたのも、逆にスカどっぷりのシンガーじゃないほうがおもしろいと思ったからなんですよ。実際、彼女のジャズとかソウルとかの要素がいい味になってると思うし。

美：私自身も、スカだからこう歌わなきゃとか特別意識していなくて、自分の歌い方をちゃんと生かせてる感じがします。あとマサキが作るメロディーは、自分の一番いい声を引き出してくれるんで、歌っていてすごく気持ちいい。

—— リード曲「Elpis」とか、陽のリズムに哀愁ヴォーカルという組み合わせがいいですよね。

オ：明るい中にも哀愁があるっていうのが好きで、曲作りではそこを心がけているかもしれないですね。ただハッピーだけじゃなくて、ちょっと切ないみたいな。

—— アルバム・タイトル『Ones in town』には何か特別な意味がある？

オ：前に出したデモ音源が『Sub Street』で。スカという王道があり、そこから僕らは少しはずれているからそう名付けたんだけど、次にそのストリートから抜けて到達するのはどこかって物語を考えたときに"街"だなと。

美：いろんな人といろんな音楽で街が作られている。なんとなく、今の自分たちを表現できるような気がして。

—— これからCubetoneが目指すところは？

オ：僕らを見て、スカ・バンドを始める次世代が出てきてくれたら嬉しいですね。スカ・シーンを盛り上げていきたいです。あとはやっぱり、売れたい、有名になりたい。昔は好きな音楽やれてればいいじゃんって感じで、そんなこと言うのダサいと思ってたけど、一回りした今は心からそう思う。

美：売れるってことは、大勢の人に聴いてもらえるってこと。そこを目指して、ずっと楽しく音楽をやっていきたいですね。

Cubetone
『Ones in town』
(Ska In The World / SIWI198)

Cubetone

2009年、東京で結成されたスカ・バンド。初期はインストを中心に活動し、2012年ボーカル美波の加入を期に歌モノにも幅を広げる。スカを基本に、カリプソ、ロックステディ、ボサノヴァなど、さまざまなジャンルを取り入れたものをポップに表現し、これまでに3枚のデモ音源をリリースしている。自主企画スカイベント『Ska way that』、隔月開催の自主企画『LUIDA』を中心に、スカイベント、お祭り、地方ライブ、路上ライブ、PV撮影など、精力的に活動中。

www.cubetone.com

HEY-SMITH

SPECIAL INTERVIEW No 12

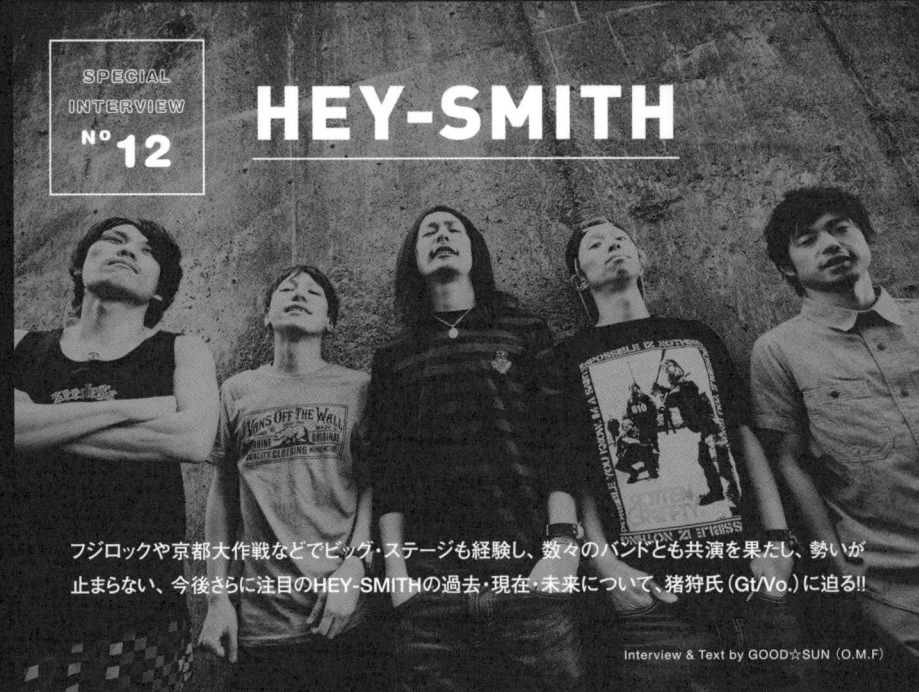

フジロックや京都大作戦などでビッグ・ステージも経験し、数々のバンドとも共演を果たし、勢いが止まらない、今後さらに注目のHEY-SMITHの過去・現在・未来について、猪狩氏（Gt/Vo.）に迫る!!

Interview & Text by GOOD☆SUN（O.M.F）

——今回スカがテーマと言う事でHEY-SMITHの曲は色々な要素が入ってますが結成時からバンドの方向性や曲作りにおいて"スカ"って言うのを意識してる部分は強かったですか？

ハッキリ言ってゼロですね。（笑）　昔から、スカの自然と踊りたくなるようなリズムや、管楽器の響きは大好きなんですが、スカを意識して曲を作るコトはないですね。曲を作るのに意識してるのは、この5人でどんな音が出せるかっていう所ですね。

——ムッキー君とO.M.Fでレゲエ・ロックの話したり満君はハイスタやゴイステに影響受けたと聞きましたが猪狩君のライブでの振る舞いやイメージがメタル好きって印象ですが、やはりメンバー全員の影響受けたバンドって全然違いますか？

全然違うと思います。なので、メンバーに今ハマってる音楽を聞いたりする時もありますね。そこで新たな音楽に出会うコトもよくあります。趣味わるー（笑）！みたいになるコトもあるし。俺は暗いの以外はどんなんでも聴きますよ♪

——逆に共通して好きなバンドとかいますか？

確認したコトないですね（笑）。でもハイスタやKEMURI、SUBLIME辺りは間違いないと思います。あとは今一緒にツアーを回ってるバンドですね。

——よくO.M.FでもMAD CADDIESの名盤『Just For More』に収録されてる「Villains」をHEY-SMITHがSEで使ってるって事で購入する人が多いです。こうやって好きなバンドから影響受けて新しくバンドを知って広がる事が大切だと思いますが特に若いファンに今回のテーマなんでスカ・バンドで何かオススメあれば教えて下さい。

へー！　そうなんですか。なんかそうゆうの嬉しいですね。オススメはちょっと多すぎて困りますねー。（笑）　でも最近見た中でいうと、フジロックで一緒にやったTHE SPECIALSはカッコ良かったです。前からファンではあったんですけど、ライブを見て、今まで好きで良かったー（笑）!!ってなりましたね。

——現在、日本のスカ・バンドも若手からベテランまで個性的なバンドが沢山いますが仲良いスカ・バンドや注目してるスカ・バンドはいますか？

やっぱり発信してるバンドが好きですね。一般的には毛嫌いされるようなコトも、ガンガン発信しているバンドに注目してます。音はかっこよくてもそういう部分がないと、ライブがカッコいいとは思いにくいですね。

―― スカに限らずメタリカをオマージュしたロゴだったりサブライム好きなら分かるSKUNKやOPIEデザインのTシャツとかHEY-SMITHから色々と格好良いバンドやジャンルを掘り下げるともっとHEY-SMITHの魅力やバックボーンが垣間見れると思いますが、そう言う色々なジャンルの要素が曲にも反映されてますよね？

そうですね。それはやっぱりメンバーの聞く曲が全然違うからやと思います。めっちゃメタルなイメージで曲持っていったのに、バンドで合わせるとめっちゃ緩い曲に変換されるなんてよくあることです。

―― 今年は京都大作戦、フジロックと次々にビッグ・ステージを経験して去年も主催のHAJIKETE MAZARE に沢山のバンドと動員でした。HEY-SMITHにとってまだまだ通過点だと思いますが次の目標や出演したいフェスや対バンしたいバンドとかありますか？

当面の目標としては、自分の為に音楽したいですね。もちろん聴いてくれる方がいてくれてこそなんですが、やっぱり自分の為に音楽するのが一番楽しいし、そうじゃないと音楽じゃないなと最近感じてます。対バンしたいのは、今ライブハウスで一緒にツアーしてるバンドですね。あと俺は個人的にいつかNOFXとやりたいです。一番好きなバンドなので。

―― バンドをやるに当たって重要にしてる意識と言うか昔から大切にしてる部分とかありますか？

居心地のいいだけの場所にいないコトですかね。もちろん居心地いいのはイイコトなんですが、ちょっと話しにくい人とか、違うフィールドで入りにくい場所とかに進んで行くこと。共感も反感もそこで感じるコトを大切にしてます。

―― 2012年はスカ・パンクで言うとKEMURI復活のBIG NEWSで話題ですが個人的に2年前に某学祭でHEY-SMITHとSHANK がアンコールでP.M.Aを演ったのが印象的でした。やはりKEMURIの存在や影響力はHEY-SMITHにとっても大きいですか？

あれ。そんなコト知ってるんですか（笑）。 すいませんでした（笑）！ HEY-SMITHにとっては絶大な影響を与えてくれてます。まずKEMURIって名前が好きですね♪

―― かなり忙しいスケジュールだと思いますが曲作りの方はどうですか？ HEY-SMITHの曲は走れて暴れてシンガロングもスカダンも出来る様々な楽曲がありますが今回のテーマ、"スカ・パンク"全開な曲にオーディエンスも期待してると思いますが？

そうなんですか（笑）？ 期待されても、自分の為に作るのでその辺は知りませんよ（笑）！ でも一♪ 今みんなで作ってる曲は今までにないくらい思いっきりスカ・パンク全開の曲ですね！

―― 作曲においての流れと言うか完成するまでのプロセスを簡単に教えて下さい。ホーン・アレンジとか各自分担してるのですか？

基本は俺が書いてます。誰かが持ってきても基本は俺が編曲するので、だいたい俺のフィルターを通すコトになりますね。ホーン・アレンジは俺が決める時もあるし、ホーン隊が決めるコトももちろん多いです。

―― 全ての曲に勿論、思い入れはあると思いますが何かエピソードと言うか思い出に残る形で出来た曲はありますか？

個人的には「Over」、「The First Love Song」、「Family」辺りですね。この辺りの曲は、自分の恋人や家族に向けて書いた曲なんです。昔はそんな曲を書くのは恥ずかしかったりもしたけど、こういう曲を書けるようになってから、自分の幅が広がった感じがします。

―― 先程も質問の中にもありますが、CDショップ・オーナーとしてDJとしても「HEY-SMITHのSEって誰ですか？」とかSKUNKのキャップに反応したりする若い子が増えて来ました。今後HEY-SMITHのさらなる躍進に期待してますが、若い子達がHEY-SMITHを通じてもっと音楽の世界が広がる存在にもなって欲しいと期待してます。お気に入りのスカのアルバムを3枚あげてください。

えー！ 3枚！？ これは困った（笑）。
RANCID『Life Won't Wait』
LONG BEACH DUB ALL-STARS『Wonders Of The World』
KEMURI『旅 (tabi)』
って感じですかね。俺はもう擦りきれるくらい聴いてるアルバムですね。スカなのかどうかみたいな苦情は受け付けません（笑）！

―― 最後になりますが、特に若いバンドマンやファンにメッセージ宜しくお願いします。

バンドやろーぜ！ バンドってめっちゃ奥深くて楽しいもんです。スカだけに限らず、バンドってめっちゃ奥深くて楽しいもんです。楽器を手にして、バンドをやってみよう。音楽がもっと楽しくなります。

HEY-SMITH
『Now Album』
(Caffeine Bomb Records / CBR57)

hey-smith.com

SPECIAL FEATURE No.04

The SKATALITES!

— The Legendary Skatalites from Jamaica celebrate their 50th Anniversary —

スカ、ロックステディ、
そしてレゲエのオリジネーターであるスカタライツ。
2014年に結成50周年を迎える彼らが、
2月の日本ツアーを皮切りにワールド・ツアーをスタート！
世界で一番古くから活躍する"現役"のスカ・バンドであるスカタライツの
これまでとこれからを、現在バンドでキーボードを担当し、
マネージャーも務めるKEN STEWARTに語ってもらった。

Text by Ken Stewart

Berlin Wall 2002

　THE SKATALITESはロックステディそしてレゲエにも進化していったスカの生みの親として世界中で知られている。スカはブギウギ、ブルース、R&B、ジャズ、メント、カリプソ、チャチャ、ルンバ、メレンゲなど多種多様な音楽が混ざり合って作りだされた。後にTHE SKATALITESとなる個々のメンバーは、セッション・ミュージシャンとしてジャマイカのほとんどのプロデューサーやレーベルと何百曲もレコーディングをしていた。これらのセッションは元々サウンド・システムでかける曲を製作するために行われた。

　1962年、ジャマイカはイギリスから独立して、スカは確実に当時を象徴する音楽となった。ジャマイカで今まで録音してきた作品を更に広める目的でライブをする為にメンバーは集められた。彼らはBOB MARLEY、JIMMY CLIFF、TOOTS AND THE MAYTALS、KEN BOOTHE、ALTON ELLISを始め、当時のジャマイカのほとんどのボーカリストのバック・バンドとしてレコーディングに参加していた。1963年終わり頃から1964年初頭までに行われた数々の話し合いやミーティングの後、ROLAND ALPHONSO (tenor sax)、LLOYD BREVETT (bass)、DON DRUMMOND (trombone)、JEROME "JAH JERRY" HAINES (guitar)、LLOYD KNIBB (drums)、TOMMY McCOOK、JACKIE MITTOO、"DIZZY JOHNNY" MOORE (trumpet)、LESTER "SKA" STERLING (alto sax)、それにボーカルのLORD TANAMO、JACKIE OPEL、DOREEN SHAFFERとTONY DaCOSTAが加わって、"TOMMY McCOOK and THE SKATALITES"が結成された。最初のリハーサルに熱心な音楽信者が集まってきた為に入場料をとるライブに急遽変えた。国中をツアーし、ほとんどのプロデューサーとインストゥルメンタルのレコーディングを行い、当時のほとんど全てに等しいボーカリストのバック・バンドも務めた。何千という曲をこの14ヶ月間にレコーディングしたがいろいろな事が原因で1965年の8月にTHE SKATALITESは解散することになった。

　メンバーの多くは個々にジャマイカの音楽シーンにとどまった。TOMMY McCOOKは彼のバンドTHE SUPERSONICSとDUKE REIDの"Treasure Isle" Studioに居たし、ROLAND ALPHONSOとJACKIE MITTOOはTHE SOUL VENDORSとSOUND DIMENSIONでStudio Oneに常駐していた。LESTER STERLINGはBUNNY LEEを含めた色々なプロデューサーとレコーディングを行い、STRANGER COLEと共に"初めてレコーディングされたレゲエの曲"と言われる「Bang A Rang」をリリースした。70年代初頭にJACKIEは

カナダとイギリスに移住し、初期のUB40のメンバーとなった。
ROLAND ALPHONSOとLESTER STERLINGはアメリカに移住した。

THE SKATALITESとそのメンバーはダンスホール、レゲエ、ダブ、スカ・パンク、スカ・ジャズ、スカ・コアそしてラップにまで枝分かれした木の幹を世界中にはやし、ポピュラー・ミュージックに多大な影響を与えた。また70年代にイギリスで流行した2トーン・ムーブメントによりスカとロックを融合させた、THE SPECIALS、THE ENGLISH BEAT、MADNESS、THE SELECTOR、UB40、THE CLASH、そしてTHE POLICEのようなバンドを輩出することになる。彼らは全員THE SKATALITESの音楽に深く影響を受けている。THE POLICEは1983年、ジャマイカのサンスプラッシュ・フェスでTHE SKATALITESの最初の再結成で共演した。

解散から18年後に、メンバーは彼らが何年も前に作り出した物をもう一度世に送り出すために再び集まった。これが新しく再結成したTHE SKATALITESの始まりだったが、実際に活動を始めるまでには数年を要している。1986年までにほとんどのメンバーは"スカの第3ムーブメント"が産声をあげつつあり、スカが少し違った形で知れ渡りつつあるアメリカに移住していた。アメリカでのTHE SKATALITESの最初のライブは1986年のThe Village Gateで催された。その後彼らはTHE TOASTERS、URBAN BLIGHTやTHE SCOFFLOWSといった当時では新しいスカ・バンドと共にマンハッタンのSOBにレギュラー出演するようになる。THE SKATALITESの気さくな性格のお陰でこういった新人のミュージシャン達は彼らの憧れの先輩から演奏の仕方、楽器の選び方、リードは何を使っているか等、この音楽の魅力や詳細を聞く事ができ、そのアドバイスをトラディショナル・スカ、スカ・ジャズそしてスカ・パンクにいたるまで織り交ぜることができた。

1989年にアメリカと日本から始まったツアーで世界中を回った。1993年に新譜をリリースし、それから数年に1回はリリースを続け、現在では2回にわたるグラミー賞のノミネートも受けた。世界中のメジャーなフェスティバルにも出演しつつ、世界をツアーしている間には小さな会場で彼らを見ることもできた。何年もの間に幾度となくメンバー・チェンジを繰り返し、今は2人のオリジナル・メンバーが新しいメンバーを選ぶようにしている。

新しいアルバム『Walk With Me』にはメンバーが書き下ろした新曲とカヴァー1曲、そして名曲、「King Solomon」

Onstage at Cotton Club jan 1990

Asagiri Jam festival backstage

King Bravo,
Lloyd Knibb, Dizzy Johnny,
Ken Stewart - Liberation To

Roland's Birthday Party at Cotton Club

Jackie, Lester, Brevett, Bunny Wailer's Liberation Tourbus 1989

T Mc Cotton Club Jan 1990

Lester in Rear

のリメイクが収録されている。50周年記念のワールドツアーは2月7日の日本のブルーノート・ジャズ・クラブを皮切りにスタートし、2014年の1年を通していろいろな場所へ行く予定だ。アーティストや他のバンドをゲストとして呼んでライブやレコーディングをするようなイベントも計画している。それから過去25年間の世界中のパフォーマンスを集めたライブ音源のアルバムのリリースやゲスト・アーティストと一緒に新しいアルバムを制作する予定もある。この記念すべき年にTHE SKATALITESが今まで残してきた遺贈を祝う楽しいイベントにあなたも参加してくれることを願っている。

MESSAGE TO JAPANESE FAN & BANDS!

日本のファン、そして日本で活動しているスカ・バンドの皆さんこんにちは！ THE SKATALITESが作る音楽を楽しんでくれることにとても感謝しているよ。日本のみんなは1989年から僕たちの音を理解し受け入れてくれてきている。THE SKA FLAMES、TOKYO SKA PARADISE ORCHESTRA、DETERMINATIONSといった、素晴らしいスカを彼らなりのフレーバーで演奏しているたくさんの日本のバンドにも出会えた。彼らは日本でスカとレゲエの伝統を継承しているバンドだ。僕たちは、若いミュージシャンやアーティストたちが音楽を学び続けて、ライブでメロディーとハーモニーそして良い音楽を作りだす要素全てをだせるように励ましサポートしていきたい。日本が大好きだから、この先ずっとライブをやりに日本に戻れることを祈っているよ。One Love!

THE SKATALITES
『Walk With Me』
Ska In The World (SIWI203)

www.skatalites.com

アニソンSKAに首ったけ！

Text by Thomas

「スカ」と「アニメ」。一見、まったく関係なさそうな単語ですが、実はアニソンには、スカのビートを使った楽曲が意外なほどたくさん存在するんです！ そんな〈アニソンSKA〉をプレイさせたら右に出る者がいないアニソンDJであり、スカ・バンド〈Beat Bahnhof〉のトロンボーン奏者でもあるトーマス氏に、アニソンSKAの魅力を語ってもらいました。

『俺の妹がこんなに可愛いわけがない』

僕はアニソンのクラブ・イベントや、『24h_ska』のようなustreamでのスカDJ配信番組で、スカのリズムが使われていたり、スカっぽいなと思った楽曲だけを集めてDJプレイすることがあって、それを勝手に〈アニソンSKA〉と呼んでいます。こうしてまとめてかけるとスカの曲が沢山あるように思うんですが、アニソン全体から見ると、まだまだ少ないジャンルだと思います。

僕の集め方はアニソンSKAの曲を探すんじゃなく、いろんなアニソンを聴いていく中でたまたま見つけることが多いですね。あとはアニソンのクラブ・イベントで他のDJがかけているのを聴いたり、アニソン友達から「あれスカっぽかったよ」と教えてもらったりして、徐々に知識が増えていった感じです。自分的には、100曲聴いて1曲見つけたらラッキーと思ってます。

調べてみるとアニソンSKA自体は、1990年代からいくつかあるようです。たとえば「走れ正直者」(ちびまる子ちゃん)、「ベートーベンだねRock'n'Roll」(21エモン)、「すいみん不足」(キテレツ大百科) などは、当時アニメを観てはいたんですが、僕自身がスカという音楽を知らなかった。DJはじめるようになってからあらためて聴いてみたら「これ、スカだ！」って気づいたんですよね。子どもの頃、こんなに身近な存在としてスカの曲を聴いていたというのは不思議な気分でしたね。

今回、この記事のためにあらためて作曲家を調べてみたんですが、最近では神前暁さんという方がスカの曲を多く作っていることに気付きました。神前さんは『涼宮ハルヒの憂鬱』のBGMや、『らき☆すた』OP「もってけ!セーラーふく」、『化物語』シリーズの「帰り道」や「恋愛サーキュレーション」などを有名アニメやゲーム音楽を多数手がけている音楽家です。主題歌ではないので後述するプレイリストには入れていませんが、神前さんが音楽を担当した『俺の妹がこんなに可愛いわけがない』は、BGMのほとんどがスカでした。アニメを普通に見ていたらやけに裏打ちの曲が多いなと思って、放映当時はスカ好きでアニメ好きでもある仲間内では、結構話題になっていました。サントラにはオーセンティック・スカやネオスカ、レゲエの曲も入っていて、とても楽しい作品になっています。ただ、BGMとして作っているので1曲ごとに大体1分半くらいで終わっちゃうのが残念。神前さんのバックグラウンドについて詳しくは存じ上げないんですが、中学・高校時代は吹奏楽部に入っていて、トランペットを担当していたそうです。沢山の曲を作られているのでアレンジの内の1つとしてスカの楽曲を作っているようなんですが、発表されている楽曲を聴いても、きっといろいろなスカを聴かれてきたんじゃないかなと、勝手に思っています。ちなみに神前さんが所属しているクリエイター集団〈MONACA〉では、石濱翔さんや田中秀和さんという作曲家もスカの曲を作っています。

アニソンSKAの魅力は、懐かしさや曲の面白さ、声の可愛さなどいろいろありますが、なんといっても日本で作られた日本語の曲であるということも魅力のひとつです。「こんな曲が日本で作られていたんだ！」という発見は、アニソン好きじゃない人にとっても楽しんでもらえる要素なんじゃないかと思います。ただ、自分自身もスカ・バンドをやっている立場から見ると、ホーンの音が生音じゃない曲が結構あるので、そこはちょっとマイナスに感じるところです。その反面、普通のスカ・バンドでは使わないような音が使われている曲が沢山あるのも面白いところで。また、普段スカ・バンドとして活動していない歌手や声優などのアーティストが、その曲だけスカをやっているのも楽しいですね。

今回セレクトしたプレイリストは、アニソンSKAのごく一部ですが、僕自身がよくかけている曲や、番組名や曲の知名度が高いものを選びました。また普段スカ・バンドとして活動していない人たちを中心に選曲しています。なので、実際に主題歌として起用されている、東京スカパラダイスオーケストラやオレスカバンド、Yum!Yum!ORANGEなどは外して、スカの話題で出てこないようなアーティストを中心にピックアップしてみました。僕がアニソンのクラブイベントでプレイする時は1コーラスで繋いでいくことが多いので、アニソンSKAを流すときにも基本的には1コーラスで繋いでいます。普段スカを好きで聴いている人たちにも、純粋に「日本で作られたこういうスカもあるよ」っていうのを紹介できたらいいなと思います。そこからアニメを観はじめてもらったり、アニソン・イベントにも遊びに来てもらえたら最高ですね。

01.「いちごコンプリート」
歌：千佳(千葉紗子)・美羽(折笠富美子)・
茉莉(川澄綾子)・アナ(能登麻美子)
作詞：くまのきよみ／作曲・編曲：渡辺剛
『苺ましまろ』OP (2005年)

02.「SOMEONE ELSE」
歌：種島ぽぷら(阿澄佳奈)、伊波まひる(藤田咲)、
轟八千代(喜多村英梨)
作詞：サエキけんぞう／作曲・編曲：神前暁
『WORKING!!』OP (2010年)

03.「Q&A リサイタル！」
歌：戸松遥
作詞・作曲：田淵智也／編曲：古川貴浩
『となりの怪物くん』OP (2012年)

04.「ダイヤモンドハッピー」
歌：わか・ふうり・すなお from STAR☆ANIS ★
作詞：畑亜貴／作曲・編曲：石濱翔
『アイカツ！』OP2 (2013年)

05.「太陽日に燃えよカオス」
歌：後ろから這いより隊G
作詞：畑亜貴／作曲：田中秀和
『這いよれ！ニャル子さん』OP (2012年)

06.「スキ？キライ!? スキ!!!」
歌：ルイズ(釘宮理恵)
作詞：森山里子／作曲・編曲：新井理生
『ゼロの使い魔～双月の騎士～』ED (2007年)

07.「DOWN TOWN」
歌：坂本真綾
作詞：伊藤銀次／作曲：山下達郎／
編曲：服部隆之
『それでも町は廻っている』OP (2010年)

08.「ギャラクシー☆ばんばんがBang！」
歌：エンジェル隊
作詞：田辺智沙／作曲：和泉一弥／
編曲：金井江右、南良樹
『ギャラクシーエンジェル』第3期OP (2002年)

09.「GO MY WAY!!」
歌：765+876PRO ALLSTARS
作詞：yura／作曲・編曲：神前暁
『THE iDOLM@STER』ED10 (2011年)

10.「ラブミーギミー」
歌：Tia
作詞・作曲・編曲：ryo (supercell)
『うーさーのその日暮らし』ED (2012年)

11.「Anything Goes!」
歌：大黒摩季
作詞：藤林聖子／作曲：Tatsuo／
編曲：Tatsuo、中川幸太郎
『仮面ライダーオーズ／OOO』主題歌 (2010年)

12.「ひとさしゆびクワイエット！」
歌：N's
作詞：くまのきよみ／作曲・編曲：渡辺剛
『乃木坂春香の秘密』ED1 (2008年)

13.「キラキラしちゃって My True Love!」
歌：宮本佳那子
作詞：佐々木美和／作曲：marhy／
編曲：久保田光太郎 + marhy
『Yes!プリキュア5』ED1 (2007年)

14.「刻印(しるし)」
歌手：can/goo
作詞：TAPIKO／作曲：POM／
編曲：can/goo・時乗浩一郎
『吟遊黙示録マイネリーベ』OP (2005年)

15.「Luvly,Merry-Go-Round」
歌：ピポ☆エンジェルズ
作詞：シライシ紗トリ・UCO／
作曲：シライシ紗トリ
『探偵学園Q』ED2 (2003年)

16.「前向きロケット団!!」
歌：ロケット団
作詞：戸田昭吾／作曲・編曲：たなかひろかず
『ポケットモンスター』ED12 (2001年)

17.「HI! HO!」
歌手：aya
作詞：谷口正明／作曲：千沢仁／編曲：七瀬光
『宇宙海賊ミトの大冒険』OP1 (1999年)

18.「コボちゃんグルー」
歌：おーつきけんじとエマニエル5／大谷育江
作詞・作曲：大槻ケンヂ／編曲：佐久間正英
『コボちゃん』OP4 (1993年)

19.「タルル・カタブラルル」
歌手：TARAKO
作詞・作曲：TARAKO／編曲：山本健司
『まじかる★タルるートくん』ED2 (1991年)

20.「走れ正直者」
歌：西城秀樹
作詞：さくらももこ／作曲：織田哲郎／
編曲：織田哲郎
『ちびまる子ちゃん』ED2 (1991年)

21.「ベートーベンだね Rock'n'Roll」
歌：テンテン
作詞・作曲：川島だりあ／編曲：寺尾広
『21エモン』ED2 (1991年)

22.「すいみん不足」
歌：CHICKS
作詞・作曲・編曲：CHICKS
『キテレツ大百科』OP5 (1990年)

トーマス／PROFILE
2002年頃からSKAバンドでトロンボーンを吹くようになる。その後、いろいろなバンドを転々としトロンボーン奏者として活動しつつ2007年頃からDJ活動も開始。2009年7月から本格的にアニソンDJをスタート。しばらくバンド活動を休止していたが、現在はアニソンDJと並行して、「Beat Bahnhof」でトロンボーンを担当している。過去に3回出演した「24h_ska」では、毎回SKAのリズムを使ったアニソンのみで選曲。一部から熱い支持を受けている。

Beat Bahnhof Website: beatbahnhof.com

COOL WISE MAN

SPECIAL INTERVIEW N°13

Interview by MIYOLINO (The DROPS / BLUE BEAT PLAYERS) & Text by TAKESHI MIYAUCHI

2013年に結成20周年を迎えた、COOL WISE MAN。世田谷界隈の遊び仲間を中心に結成された彼らだが、時を経て、今や日本のスカ・シーンのど真ん中で凛々しい存在感を放つバンドとなった。そんな彼らを結成当初から見つめてきたミヨリーノ（The DROPS / BLUE BEAT PLAYERS）が、リーダーでベース奏者の篠田智仁にじっくり話を訊いた。

──こうやってかしこまってインタビューするのも、なんか変な感じだね。

「俺らの一番最初の頃のインタビューって、ミヨさんにやっていただいたんですよね。たしか『DOLL』だったっけかな」

──まあ、飲んだ話しかしてないけどね（笑）。COOL WISE MAN（以下、CWM）も結成して20年を超えるということだけど、長い歴史の中で最大の危機というと？

「まあ、細かい危機はいろいろあったけど（笑）、バンドが完全に止まるんじゃないかって思った時は、ウチのドラマーのマコっちゃん（竹内誠）が交通事故に遭った時ですね……今でも忘れないけど、ちょうどリハの日だったんですよ。とにかく彼はスタジオに遅刻したこともサボったこともない人なんですよ。それが連絡も無しにスタジオに来ないって時点で、絶対におかしいって思って。何度も電話かけても出ないから心配してた

ら、事故に遭ってて。首の骨も折れて、一時は元通りにならないんじゃないかって言われてたんです。しばらくして見舞いに行った時に、『リハビリすれば、またドラム叩けるようになるらしいよ』って言ったら、スティックすらも握れない状態だったのが、その日からリハビリ用のボールを離さずに持つようになって、本気でリハビリに取り組むようになったんです。まあ、本当にドラム馬鹿なんですよね（笑）。だけど、そういう気持ちが強い人が奇跡を起こせるんだなって、あの時は思いましたね」

──マコっちゃんが事故に遭った時は、バンドとしてはどういう状態だった？

「アルバム（『Unity』）のレコーディング中で、2曲だけ録音し終えてた時だったんですよ。だからYOUR SONG IS GOODの（サイトウ"JxJx"）ジュンくんに急遽サポートで入ってもらったりして、レコーディングはなんとか乗り越えられました。ミヨ

さんには、ライブのサポートで叩いてもらったんですよね。ミヨさんに叩いてもらったは、全部で4回ぐらいだったかな。最後は恵比寿みるくであったイベントで。マコっちゃんが回復して、たまたまライブも観に来てて。じゃあ、マコっちゃんに叩かせようってことで、ミヨさんは、すごくカッコイイ身の引き方でした（笑）」

──マコっちゃんの回復が意外と早かったんだよ。たぶん「あいつにはドラム任せてらんねぇ！」って思ったんじゃないかな（笑）。個人的に、マコっちゃんのハイハットのタイミングがすごく好きなんです。マコっちゃんやニッカさん（THE SKA FLAMESの初期メンバー）がそうなんだけど、天然な感じというか、俺とかが真似しようとしても出来るようなもんじゃない。

「まあ、器用なドラマーじゃないですからね。T字路sとかでエイトビートやらせると、ヘタクソだもん（笑）。でも、それもマコっちゃんのカッコよさだなって思って。スカを叩かせれば抜群なんだけど、他は全然ダメっていう。逆に俺が持ってるミヨさんのイメージは、フィルとかオカズを叩く時の手の早さ。あれがすごいカッコよくて」

──あれはねえ、息止めてんの。

「ガハハハハ！　いや、フィル入れる時の切れ味の良さはスカのドラマーの中でも一番じゃないかなって思いますね。ミヨさんにCWMで叩いてもらった時、マコっちゃんとは真逆のタイプのドラマーだから、本当に面白かったです」

──そう？　俺としては、マコっちゃんに近づこう近づこうとしてたんだけど（笑）。ところで、CWMはRICO RODRIGUEZやEDDIE "TAN TAN" THORNTONなど、レジェンドのバックをたくさん務めてきたじゃないですか？　中には嫌なヤツなんかもいました？

「意外とそういうのはなかったですね。僕らがバックを務めたのって、70歳オーバーの人たちがほとんどで、MR.SYMARIP（ROY ELLIS）が唯一60代だったぐらい。どんなジャンルでもそうだと思うけど、4、50歳ぐらいが一番ガッチリやりたがる時期だと思うんです。でも、60代以上になると、赤ちゃん返りじゃないけど、楽しけりゃいいやっていう感じになるみたいで」

──ほぉ～、なるほど。

「だから、プレイ面でうるさく言われたこともなかったですね。最初、RICOのバックをやった時は、すごい人だって先入観があったから緊張しちゃったけど、やってみると懐が深いというか、その場でエキサイティングになれる部分を求めてるだけで、基本的には自由にやらせてくれた。RICOやTANTANって、スカやレゲエ以外でもサポート・ミュージシャンとして活動してきたじゃないですか？　だからいろんなことやりたがるのかなって思ったら、とくにTANTANは『スカをやろう！　スカをやろう！』ってしきりに言ってました。若い頃からずっとジャズとかコンテンポラリーをやってきて、年を取ってきてから余計にスカへの想いが増しているのかもしれない。古いジャマイカの童謡が頭に浮かんでて、それをスカにアレンジしてやりたいって言ってましたね」

──そうやってレジェンドたちと一緒に演奏してみて、影響は受けましたか？

「すごく受けました。RICOやTANTANと一緒にやったことで、あらためてスカっていい音楽なんだなって思えるようになったし、自信を持ってスカ・バンドだって言えるようになった。ちょうどミヨさんに手伝ってもらってた頃って、俺らもいろんなことをやりたがってた時期だったんですよね」

──うん、それはすっげえイヤな感じだったね。もっとスカやれよーって、ずっと思ってた（笑）。

「いや、まあね……反抗期だったんですよ（笑）。いろんなものを取り入れたくて、一時はミクスチャー・バンドになっちゃうんじゃないかってぐらいに手を広げた時期もあったけど、でも、RICOやTANTANとやるようになって、俺らが尊敬する人たちがここまで延々とやりたがってるってことは、スカってやっぱりすげえ音楽なんだなって気付いてきたんですよね」

──20周年を記念してリリースされた2枚組のベスト盤は、歌モノのDISC1とインストのDISC2の2枚組になってて。DISC1の1曲目に入ってる「What A Feeling」って、7インチでリリースされた当時は、すごく苦手でこの曲は聴いてなかったんですよ。今回も1曲目に入ってるから飛ばしちゃおうと思ったけど、あらためて聴いたらこれがすごく面白くて。

「わー、ホントですか！　当時はベタな日本語の歌詞をスカでやるなんて、ちょっとタブーなぐらいに思ってたんだけど、そのタブーをぶち壊そうぜって、若気の至りで作った曲なんです。でも、俺らも出してすぐステージでは封印したぐらいだから（笑）。」

──いや、演奏もかなり凝ってますよね。若かったから、逆にいろいろ挑戦してるのかもしれないけど。演奏にいろんな実験が織り込まれている感じがして、それが1曲目に収録されていることで、後に続く曲の伏線にも見えるんだよね。

「だとしたら、それはレーベル側の作戦勝ちじゃないですかね（笑）。やっぱり今聴くと恥ずかしすぎる曲がいくつかあって。俺らは素人からはじめたバンドだから。この演奏で、当時よくリリースしたなっていう。とにかく、このベスト盤に関しては

素っ裸です」

——でも、いいベスト盤ですよ。原石のような美しさもあって。CWMには綺麗な曲がいっぱいあるんだなって思ったしね。メロディラインもそうだし、ソロも口ずさめるし、モノによってはドラムのフィルさえも口ずさんだりね。

「おぉーー、それほどまでよく聴き込んでもらえて嬉しいです。なんか恥ずかしいやら嬉しいやら(笑)。ミヨさんは昔から〈Stu〉がいいって言ってくれてましたよね」

——とくに好きなのはユニゾンで吹くサビの部分。今のスカ・バンドだと、ユニゾンで吹いてもベタっとくっついちゃうのが、ちゃんと楽器ごとの粒が見える。あれはCWMならではの音だよなって思う。個々の音が立ってるように聴こえるのは、すごく不思議な部分でもあって。綺麗なメロディの中に、あのルードな感覚が出てくるのが、すごくカッコいい。あれは真似しようと思っても、真似できない。

「そういうところを褒めてくれる人が少ないから、本当そういうのすごく嬉しいです! たぶん頭がいい人がアレンジすると、ハモったり、3声、4声って重ねていくけど、その頃は俺らそういう頭がなかったから、やっぱりユニゾンがメインになっちゃう。でも、ユニゾンが多いから、その中でどうやって色をつけようかってことを、多分ホーンの連中はヘタクソなりに研究してきたんだと思いますね」

——あと、俺が好きなのは「狼煙 -Dub-」。

「もともとは『Salty Dinner』ってアルバムに入ってた曲で、ハンバート ハンバートとコラボした時に、これに歌を乗っけて録音し直したんです。ベスト盤に入ってるのは、そのテイクをエンジニアの内田(直之)くんが勝手にダブを作ってくれてて。レコーディングが終わってから、『実はこんなの作ってたんですよ』って出してきて。聴かせてもらったらものすごくカッコよくて。いい機会なんで、ベスト盤に入れました。俺もこのダブが大好きですね」

——前に渋谷クラブクアトロであったCWMのワンマンに遅れて到着したら、レコードが流れてるように聴こえたんで「よかったー、間に合った」と思ったら、拍手も鳴った。驚いてフロア覗いてみたら、もうライブがはじまってたんですよ。だから、逆にPAがすげえなって思ったんですよね。箱のサイズとかも関係なく、最高の音を出してるんだなって。

「とくにフェスなんかは、内田くんに必ずやってもらってるんですけど、前のバンドの1.5倍ぐらい音が出てるんですよね。会場によっては制限があるから、音がデカすぎるってクレームが入る時もあるんだけど、そこも闘ってくれて。やっぱりナンバーワンのエンジニアだなって思いますね。内田くんっていうとダブってイメージが強いけど、俺が好きなのは生音の良さ。すごくシビアだし、厳しいところは厳しいけど、一緒にやってると鍛えられますよね。とにかくベースの音にはうるさいですね(笑)」

——ヴィンテージの機材とかで録ってるんですか?

「内田くんが『Faith』以降はレコーディング・エンジニアもやってくれてて。一番いいなって思うのは、テープで録ること。たとえばProToolsで録ると、切り貼りしたり、重ねることを前提にした考えになりがちだけど、テープだと簡単に直したいって言えない状況を作れる。その深さというか。そこから先は内田くんのこだわりですね。マイクも60年代以降のものは使わない、とか。だけどそれも、単純にウチらのバンドの音をいかによく録るかっていうだけなんですよね。CWMに関しては、7インチとかアナログをかけた時のような音を、CDやステージで出したい。7インチに針を乗っけて、音がパンと鳴った時の感じを出したいって、内田くんも言ってくれてましたね」

——渋谷クラブクアトロでのワンマンも、毎年の恒例になって。クアトロに集まってる客を見ても、みんな楽しそうだよね。

「ミヨさんに叩いてもらった時期からは、また客層も変わってきてるかもしれないですね。〈SKAVILLE JAPAN〉がはじまったばかりの頃なんかは、まわりにはオーセンティックのスカ・バンドってほとんどいなかったから、自分たちのスカが伝わってないんじゃないかって、くじけそうになった時期もありましたね。やっぱりライブはオイスカとかのほうが盛り上がるし、そういうところにいきなり出ていってオーセンティックなスカをやっても、本当に昔は盛り上がらなかったじゃないですか?」

——たしかに俺も、一時期は大丈夫かなって心配するような時もあったし。でも、今のCWMはゴリ押しじゃなくても、ちゃんと客を揺らしているじゃないですか。それは、バンドの姿勢に共感を持ってくれる人が増えたってことなのかな。

「やっぱりSKAVILLEやフジロックみたいなイベントでいいライブをやれば、次のワンマンに客は来るようになりますから。客の反応はダイレクトですよね」

——スカをあんまり知らない人でもそういうフェスでCWMのライブをたまたま観たことで、初めて出会う世界や感覚もあるだろうし、それが気持ちいいと思ってもらえるはずだしね。

「よく言うことだけど、まさかフジロックみたいなフェスで、俺みたいなスカ・バンドがライブやって盛り上がるってイメージっていうのが、以前はまったく持てなかったんですよね。だから最初はすごくアウェー感があったけど、一生懸命やったら一体感も出てきて、お客さんもノッてきてくれる。ここ最近で、俺らがいつも通りのスカをやっても受け入れてくれる人も増えたなっていう実感が、やっと出てきましたね」

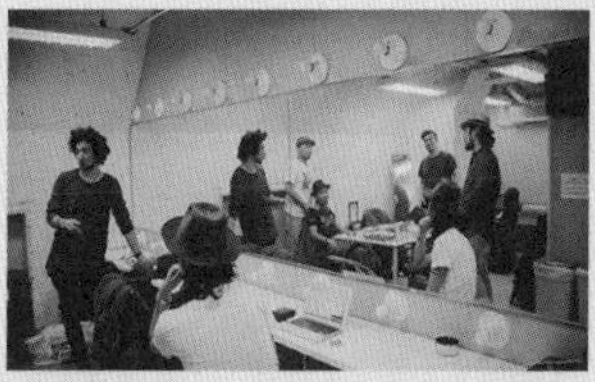

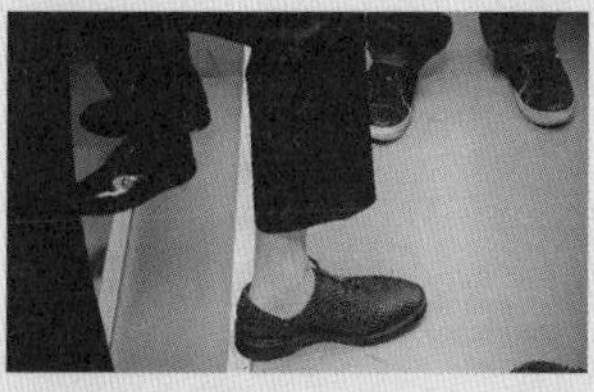

Photographs by MASASHI NODA

COOL WISE MAN
『20th Anniversary Best Selection 1998-2012』
(Galactic / GLCD-0032)

COOL WISE MAN
『Yabadee Yabadah』
(Galactic / GLCD-0034)

coolwiseman.galactic-label.jp

SPECIAL FEATURE No.04
SOUTH AMERICA SKA REPORT

Text by BRUNO LANCELLOTTI (Radiola Records)

ラテン・アメリカ、さらに詳しくいうと南米でスカ・ミュージックは特別な形態をもっている。アフリカの伝統を明らかに継ぐローカルのミュージックジャンルに高い影響を受け、ローカル・バンドは、オリジナルのジャマイカン・スタイルのみにこだわるか、もしくはいろいろな違ったローカル・テイストに合わせた音にするかを選ぶことができる。

Photo: Coquetel Acapulco

最初は広い大陸の国、ブラジルのシーンついて語らなければならない。10年以上もの間このシーンでレーベルとブッキング・エージェンシーを営んでいるRadiola Recordsは現在『Ska Brasil II』というタイトルのコンピレーション・アルバムの2枚目を出している。20組のバンドの曲がこのレコードの為に選ばれた。有名なORQUESTRA BRASILEIRA de MÚSIA JAMAICANA (OBMJ)は定番のブラジリアン・ミュージックの上にジャマイカン・ビートを乗せる事に見事成功した2枚のレコードをリリースし、ボサノヴァからカリンボまでを聴かせてくれる。そして1996年からブラジルで一番長くスカ・バンドをしているSAPO BANJAから、今現在でベストな1枚と言われるCD/LP「Dama-da-Noite」をリリースしたリオデジャネイロのCOQUETEL ACAPULCOまで名を連ねている。収録曲のフル・リストは『Ska Brasil II』のfacebookページでチェックできる。

アルゼンチンにも素晴らしいスカ・シーンがある。初期のレゲエ(GIGANTES MAGNETICOS, AGGROTONES)やモッド・レゲエ(CRABS CORPORATION)からいろいろな種類のスカ、はたまたビッグ・バンド・スカ・ジャズ・スタイルのDANCING MOODと彼の数々の名盤(最近出したトリプル・アルバム! を含む)から長く活動しているSATELITE KINGSTON(地元民から尊敬され約20年間の歴史と素晴らしいレコードを持つ)まで、たぶん世界中でも最も良いシーンひとつでバラエティーに富んでいる。SKA BEAT CITY, STAYA STAYA, SAYONARA BASTARDS (彼らのことをバンド名から誤解しないでやってくれ ;-) など活動熱心なバンドもいて、現地を盛り上げているバンドの名前を連ねることは容易なことだ。

ベネズエラでは(ラテン・スカの歴史の中で最も重要なバンド、DESORDEN PÚBLICOって80年代半ばからリードされ続けている)は古き良きルード・ボーイ・スタイルのMR. SWING & THE BONGO CLANやPALMERAS KANIBALES, AVILLITESやSKARACAS JAZZ ENSAMBLE, VIEJA SKINAなどに代表される新しいバンドなどを輩出し、未だに強いシーンが存在している。ペルーにはLOS DRAKOSやSANTIAGO DOWNBEATがいて、チリでは南米のスカがどれだけ素晴らしいシーンを作りだしているかという様子も伺える。他にもたくさんバンドはいる。もっと詳しくお伝えしたいところだけど、この辺りで今回は終わりにさせてもらう。あなたの中のミュージック・チャンネルをもっと広げて南米のスカをチェックしてみて欲しい。

radiolarecords.com.br

MY PLACE, MY PLAYLIST!

スカは聴く音楽じゃない、踊る音楽だ！ ということで、スカの楽しみ方は音源を聴くだけでも、ステージを観に行くことだけでもありません。日本全国で定期的に開催されている、スカ・イベントをドドッとご紹介します！ 近くで開催されているパーティがあったら、ぜひ足を運んでみてください！

1. イベントプロフィール **2.** レギュラー開催日程 **3.** 会場名＆住所 / MY PLAYLIST

GAME OF DEATH　　　　AKITA

1. 1997年11月スタート。パンク/スカ/ロカビリーなど、本当に熱い音を秋田に残すべく定期的に開催。2000年にはスカ・メインの企画、「SKA APPLICATION」が派生。開催数は100回を超えるが、「地元バンドの為の企画」という初期衝動を忘れず活動を続けている。オーガナイザーはBillyken (The KING LION/HEAD SLIDER)　**2.** 不定期開催　**3.** LIVESPACE四階 / 秋田県秋田市大町3-2-1-4F ／ CLUB SWINDLE / 秋田市大町2丁目2-3-B1F etc...

MY PLAYLIST:
1. 「Independence'65」- PRINCE BUSTER
2. 「Kiss Kiss」- THE SOUL BROTHERS
3. 「Artebella」- MONKEY
4. 「(PUNK ROCKER) FROM WATTS」- THE PRISONER
5. 「誰にも見えない、匂いもない 2011」- ランキン・タクシー＆ダブアイヌバンド

headslider.jp

★STAR TIME★　　　　IWATE

1. 2004年7月スタート。日本のスカ・レゲエ・レベルミュージックにおいて最重要人物の一人である藤井悟氏(岩手県出身)が毎回東京より来盛。岩手で活動しているさまざまなジャンルのDJやアーティストたちとグッドミュージックを届けている。　**2.** 毎月最終月曜　**3.** players cafe / 岩手県盛岡市大通1-6-19-B1

MY PLAYLIST:
1. 「U.S.A.」- DUBIDZA KOLEKTIV
2. 「Musica De Fiesta」- DESORDEN PUBLICO
3. 「In The Meantime In Pernambuco」- GOGOL BORDELLO
4. 「Matador」- LOS FABULOSOS CADILLACS
5. 「Regular Slam」- ARI UP & VIC RUGGIERO

star-time.net

CARIBBEAN NITE CLUB (奥羽山脈)　　IWATE

1. 2002年頃、北東北の仲間達が集まり始動開始。ジャマイカンオールディーズを中心としたイベント。　**2.** 隔月　**3.** MAD DISCO / 岩手県盛岡市菜園1-6-3-B1

MY PLAYLIST:
1. 「WRECK A BUDDY」- C.CAMPBELL
2. 「ARTIBELLA」- STRANGER & KEN
3. 「JOHNY TOO BAD」- THE SLICKERS
4. 「GET TO LOVE IN TIME」- DENNIS BROWN
5. 「CONSCIOUS DREADLOCKS」- HORACE ANDY

AFRO BOOGALOO SKA ACADEMY　　TOKYO

1. AFRO好きなAFRO MUSICに詳しい講師陣による素敵なアカデミー。でもアフロもブガルーもスカも飛び越え「これ、カッコいいでしょ!?」って感じなセレクションで素敵な音楽的世界旅行にご招待!受講生絶賛募集中!! 次の日にはみんな心も頭もアフロヘアーになっている事でしょう！ 最近、有りそうで無かったAFROイベント。　**2.** 不定期開催　**3.** フランケンの花嫁 / 東京都渋谷区富ヶ谷1-12-7-102

MY PLAYLIST:
1. 「Todas Las Noches」- LOS SKARNALES
2. 「Vals Pa Vinkelgrand」- MOVITS
3. 「Cartao Postal」- THE SOUL JAZZ ORCHESTRA
4. 「C'est Plus Beau」- CHE SUDAKA
5. 「Balistica」- DUB KILLER COMBO

japonicus.com

Brainspotting TOKYO

1. 日本発祥のヒップホップ集団、「RAP BRAINS」(のののもラッパーとして参加）の冠パーティー。毎回多種多様なゲストライブ、DJを招きサンデーアフタヌーンながらもDUUSRAAの底が抜けるのでは!? どれ入り乱れる男女混合ラッパー達によるフリースタイル式のライブは必見!! Host Live: RAP BRAINS Host DJ: ののの　**2.** 3ヶ月に一度 ／ 第四日曜日　**3.** 新宿ドゥースラー ／〒160-0022 東京都新宿区新宿3-35-1 小宮ビル5F

MY PLAYLIST:
1. 「Pass It On」- FUNKOMMUNITY
2. 「Enter The Brain」- RAP BRAINS
3. 「My Music」- BIG BEN
4. 「Koloko」- SILVER BULLET
5. 「FRKWYS Vol. 9: Icon Give Thank」- SUN ARAW, M. GEDDES GENGRAS MEET THE CONGOS

www.rapbrains.net

GROOVY ROCK CARAVAN TOKYO

1. 大貫憲章氏主催、隔月の奇数月開催。「グルーヴィーなロック・サウンド」の旗印のもとラ テンからアフリカなどジャンルを股にかけオリジナルなグルーヴィー・ロック・ワールドを展開!　**2.** 奇数月第3日曜日 18:00～　**3.** The ROOM ／〒150-0031 東京都渋谷区桜丘町15-19 第八東都ビルB1

MY PLAYLIST:
1. 「Todas Las Noches」- LOS SKARNALES
2. 「Vals Pa Vinkelgrand」- MOVITS!
3. 「Cartao Postal」- THE SOUL JAZZ ORCHESTRA
4. 「C'est Plus Beau」- CHE SUDAKA
5. 「Balistica」- DUB KILLER COMBO

www.kenrocks.net

PACHAMAMA TOKYO

1. 大地の神様への感謝の時間。バビロン東京発のラテンフィエスタ祝祭バチャママ!　**2.** 虎子食堂 & 宇田川カフェ別館（第4金曜日偶数月：虎子食堂、奇数月：宇田川カフェ別館 21:00～）　**3.** 虎子食堂 ／ 東京都渋谷区宇田川町10-1 パークビル2F ／ 宇田川カフェ別館 ／ 東京都渋谷区宇田川町36-3-6F

MY PLAYLIST:
1. 「Todas Las Noches」- LOS SKARNALES
2. 「Vals Pa Vinkelgrand」- MOVITS!
3. 「Cartao Postal」- THE SOUL JAZZ ORCHESTRA
4. 「C'est Plus Beau」- CHE SUDAKA
5. 「Balistica」- DUB KILLER COMBO

japonicus.com

RUDIE CAN'T FAIL TOKYO

1. 古今東西2tone allnighterと銘打ち、世界中の2tone～Neoskaを選曲しています。毎回先着で配布しているセレクトCDはマニアも納得の!?　**2.** 年4回開催　**3.** 新宿LOFT BAR SPACE ／〒160-0021 東京都新宿区歌舞伎町1-12-9 タテハナビルB2

MY PLAYLIST:
1. 「Se Puoi Uscire Una Domenica」- I QUATTROCENTOCOLPI
2. 「Skalariak」- SKALARI RUDE KLUB
3. 「No Sports」- KING KONG
4. 「Hey, Little Ritch Girl」- THE SPECIALS
5. 「Rudie Can't Fail」- THE CLASH

www.facebook.com/neoska

SKAPUNK BRAIN TOKYO

1. 90年代後半の爆発的な3rd wave SKAPUNKムーブメントに多大な影響を受け、今の半生半可なスカイベントを変えようと1人で始めたスカパンクイベントです。昔から活動してるバンドも最近活動してる有名無名問わず、全国からかっこいい「バンドのみオファーしてます「バンド休みなしのスカイベント」がモットーです!　**2.** 年1～2回程度、不定期　**3.** 新宿ACBや下北沢など。

MY PLAYLIST:
1. 「Honey I'm Homely」- DANCE HALL CRASHERS
2. 「Geba Geba March」- SAVE FERRIS
3. 「10 Songs And Then Some」- THE SKOLARS
4. 「Life / Conviction」- PORTER'S MARKET
5. 「Barfly」- BUCK-O-NINE

http://ip.tosp.co.jp/i.asp?i=skapunk90

SKANCTUARY TOKYO

1. 無料で楽しめるスカDJ PARTY! アメリカにありそうな賑やかなBARで様々なスカが朝まで爆音で流れます。旨い酒とスカダンスづくしでここは正にスカのサンクチュアリ!! 豪華DJにも注目☆ REI MASTROGIOVANNI主催。　**2.** 日程不定期（大体2、3ヶ月に1回）　**3.** 渋谷BARロックのこころ ／ 東京都渋谷区宇田川町10-1 パークビル3F

MY PLAYLIST:
1. 「Decision」- PUNK SKA UNITY
2. 「What Happened To You?」- THE OFFSPRING
3. 「Time Bomb」- RANCID
4. 「All Good Ska is One」- 東京スカパラダイスオーケストラ
5. 「あの鐘を鳴らすのはあなた」- WHAT'S LOVE?

reimastro.co.nr

SPACETRAIN TOKYO

1. NEW SKAにむかって爆走するミックスジャンルPARTY! ライブハウスとクラブを融合させた宇宙のような空間で、バンド・DJがスカの世界を広げます。全出演者によるコラボのジャムセッションも必見。 REI MASTROGIOVANNI主催。　**2.** 日程不定期（大体3ヶ月に1回）　**3.** 渋谷Glad ／ 東京都渋谷区道玄坂2-21-7 第8矢澤ško ビル2F, 3F

MY PLAYLIST:
1. 「Ratatat」- THE SKINTS
2. 「Let's have a party!」- DOACOCK
3. 「Acid On Me Brain」- THE BENNIES
4. 「Elpis」- Cubetone
5. 「Decision」- PUNK SKA UNITY

reimastro.co.nr

東京⇔ロンドン化計画 TOKYO

1. jamaican musicや60's modをアイリッシュから沖縄民謡、果てはドラムンベースまで縦横無尽な選曲で1982年から20年。レギュラーイベントが2012年で終了したが、至高のダンス・ミュージックであるskaを、イベントの主役であるナイトクラバーに発信し続けた国内唯一のイベント!。　**2.** 不定期開催　**3.** 新宿LOFT BAR SPACE ／〒160-0021 東京都新宿区歌舞伎町1-12-9 タテハナビルB2

MY PLAYLIST:
1. 「Killer Diller」- JACKIE MITTOO
2. 「Nice Time」- PHILLIS DILLON
3. 「Israelites」- DESMOND DEKKER
4. 「Aulde Lang Syne」- THE TROJANS
5. 「The Prince」- MADNESS

www.londonka.com

UP&UP　　　　　　　　　　　　　　　TOKYO

1. 2004年から常にアップアップな状態を維持し続けているUP&UP。SKA / ROCKSTEADY / REGGAEを中心とした、Carib-Latin MusicというUP&UPなりの解釈でSELECTし、毎月懲りずに開催中。　**2.** 毎月第3金曜日 open 23:30　**3.** shibuya LUSH／〒150-0002 東京都渋谷区渋谷1-10-7 グローリア宮益坂III B1F

MY PLAYLIST:
1. 「Revolution Rock」- THE BUSTERS (select: BOBO)
2. 「Wicked Shall Not Reign」- EEK-A-MOUSE (select: MICCYAN)
3. 「Exodus」- THE SKATALITES (select: 北島友太)
4. 「All My Loving」- LOS MANOLOS (select: TATZ)
5. 「Hush Baby」- STRANGER COLE (select: KO-TA-RAW)

www.up-a-up.net

VIKING STATION　　　　　　　　　TOKYO

1. 2005年9月にパチーノスのレコ発を機にスタート。"レゲエ"というキーワードを軸に、世界中のイキでオモロな音源を新旧問わずブレンドしながら放つDj陣、ライブ感溢れるMC。そんなココでしか味わえない音の感触、空気感に、クスっと笑ってしまう程の興奮とロマンチックが止まらない。家で聴くのとは全く違う。そう、感動すら覚えるってこと。それがバイキングステーション！（トオルショット／パチーノス）　**2.** 第3土曜日 22:00～　**3.** DJ Bar KOARA／〒150-0041 東京都渋谷区神南1-13-15 光立ビルB1F

MY PLAYLIST:
1. 「Todas Las Noches」- LOS SKARNALES
2. 「Vals Pa Vinkelgrand」- MOVITS!
3. 「Cartao Postal」- THE SOUL JAZZ ORCHESTRA
4. 「C´est Plus Beau」- CHE SUDAKA
5. 「Balistica」- DUB KILLER COMBO

www.vikingstation.com

春の彩音 ～ zion ～　　　　　　　　TOKYO

1. SKA.REGGAE.ROCK STEADY等の日本で活躍しているバンド共に毎年春の訪れを伝えるイベントとして開催。老若男女、誰もが楽しめるイベントを目指している。(2011年3月より休止中)　**2.** 3月第4週目、日曜日　**3.** 横浜 BAY HALL／神奈川県横浜市中区新山下37目4－17

MY PLAYLIST:
1. 「Virtual Insanity」 feat. Rickie-G - FRISCO
2. 「Night Piece」- The eskargot miles
3. 「Home Sweet Home」- LIKKLE MAI
4. 「櫻」- 光風 & GREEN MASSIVE
5. 「春の空」 feat. GREEN MASSIVE - 千尋

CHANT DOWN BABYLON　　　　　NAGOYA

1. スカをはじめジャマイカン・ミュージックに対する熱いバイブが数えきれないファンをつくり、影響を与えているロングランイベント。スカ、ロックステディ、70´sレゲエといったヴィンテージ・レゲエ、さらにはカリビアン、アフリカン、リズム&ブルース、ジャイヴ、ジャズまでカバーする幅広い選曲で、名古屋の夜を鮮やかに彩る。　**2.** 奇数月第4土曜日　**3.** CLUB BUDDHA／名古屋市中区新栄1-5-25 第2Mビル6F

MY PLAYLIST:
1. 「Linger On」- PRINCE BUSTER'S ALL STARS
2. 「Smokey Joe´s Cafe」- THE ROBINS
3. 「Hold Up Your Head And Smile」- KENRICK PATRICK
4. 「Santo Domingo」- LOS CUMBIAMBEROS DE PACHECO
5. 「Hijacked」- JOE GIBBS ALL STARS

clubbuddha.com

Red SKA Life　　　　　　　　　　　MIE

1. 2003年4月に地元三重県でイベント始動。SKA・REGGAEを中心にR&B・CALYPSO・LATINなど世界の素晴らしい音楽が楽しめる空間を提供し、多くの方に体感してもらい共に楽しみたいと思っています。　**2.** 不定期開催　**3.** 県内のクラブハウス(不特定)

MY PLAYLIST:
1. 「Big Trombone」- LORD TANAMO
2. 「My Boy Lollipop」- MILLIE SMALL
3. 「Looking For My Baby」- LAUREL AITKEN
4. 「Ocean Liner」- BILL DOGGETT
5. 「Choo Choo Ch´Boogie」- LOUIS JORDAN

www.redskalife.com

NITE PUB　　　　　　　　　　　　　OSAKA

1. 2001年6月スタート。SKAを中心にしながら独自のフィルターを通して解釈されたダンスミュージックを展開。今年で12年目に突入するも、「誰でも気軽に楽しめる」をコンセプトにマイペースに活動中。　**2.** 不定期開催　**3.** 心斎橋 club STOMP／〒542-0083 大阪府大阪市中央区東心斎橋1丁目13-32

MY PLAYLIST:
1. 「そんな ナイト★パブ」- 増位山太志郎
2. 「Rudie Can´t Fail」- THE CLASH
3. 「Skinhead Love Affair」- BUSTERS ALL STARS
4. 「Rainbow Town」- THE MICETEETH
5. 「The Jerk」- THE WAILERS

www.hp-hcs.net/~iws

RUDE BOY NITE　　　　　　　　　　OSAKA

1. ドーベルマンなどバンドマンの衣装用スーツも製作するルードボーイ御用達セレクトショップ、プラスチックヘッドが1998年より開始したイベント。過去に英国からギャズやホットナイヴスも出演し、2008年には10周年記念コンピCDを発売し、東名阪ツアーを開催し大盛況を収めている。　**2.** 不定期開催　**3.** 難波 Mele／大阪市浪速区元町1-2-2 浪芳ビルB1F

MY PLAYLIST:
1. 「Loose Sound System」- THE 69 YOBSTERS
2. 「Reggae Juk」- ONE HUNDRED MEN
3. 「Liquidator C.F.C」- BILLY BLUE BEAT
4. 「Meet My Magnum」- NGOBO NGOBO
5. 「W.L.N」- THE HOTKNIVES

plastic-head.com

RUDE IT UP　　　　　　　　　　　　OSAKA

1. 2008年初回開催。NEO SKAを基調としながらも、積極的に他ジャンルとの交流を目指すという発想に基づき、IRISHやOiなど、東西やジャンルを問わないブッキングで、現在も精力的に開催中。　**2.** 不定期開催(年1, 2回開催)　**3.** 難波 Mele 〒556-0016 大阪市浪速区元町1-2-2 浪芳ビルB1F

MY PLAYLIST:
1. 「Mafia Tanz」- EL BOSSO & DIE PING PONGS
2. 「Madness」- MADNESS
3. 「チブサガユレル」- OLDICKFOGGY
4. 「Nowhere」- 45RPM
5. 「My Problem」- DANCE HALL CRASHERS

──今作は約10年ぶりとなるTHE BRUCE LEE BAND名義の作品ですが、再び始めようとしたきっかけを教えて下さい。

僕達は10年ごとにアルバムをリリースしてきた。最初は1994年、2枚目が2004年。で、新しい作品を出す準備が整ったわけさ。でも実際はスカ・パンクのレコードを出して楽しみたかっただけなんだ。

──前回は、ダンサブルな2トーン・スタイルでしたが、今作の内容を教えてください。

2トーンの影響はまだたくさん聴けると思うけどOPERATION IVYやTHE SUICIDE MACHINESのようなもっとハードな面も今作には入っているよ。

──今回のメンバーはどのように集めたのですか？

メインとなるのはBOMB THE MUSIC INDUSTRY!のJEFF ROSENSTOCKだね。彼と新しいスカのプロジェクトについて話し合っていたんだ、そこから僕達と上手くいきそうな何人かの友達を選んだ。それがCLASSICS OF LOVEのMIKEとTHE CHINKEESのKEVINだよ。

──11月には、STREETLIGHT MANIFESTOとDAN POTTHAST(MU330)と長期のツアーに出ましたが、ツアーはどうでしたか？ またYO GABBA GABBAのイベントやツアーに出演したきっかけと感想も教えてください。

ストリート・ライトのツアーはめちゃくちゃ良かったよ！スカのライブであれだけたくさんのオーディエンスが集まってくれるのは嬉しいことだよね。3000人近く集まったライブもあったからね。年を取るにつれてあまりツアーに出なくなったから、またツアーに出てとても楽しかったし、僕の音楽をみんなと共有できることが嬉しかった。

YO GABBA GABBAとのライブは素晴らしい経験になった。子供向けTV番組がベースになったショーだったからプロダクション自体が大きなものだった。たぶん日本の昔にはディズニーランドのショーを想像してもらえばいいのかも知れない。だいたい2000人ぐらいの家族とその子供たちがお客さんなんだ。そのショーでは1曲だけ毎回演奏したんだけど凄く面白かったよ。

──バンドやレーベルを始めて20年以上たちます。簡単に今までの活動を振り返ってください。

20年もたっているって思えないよ。SKANKIN' PICKLEでプレイしていたことがつい昨日のことのように思える、でも時が過ぎるのは早いね。こんなに長い間こういうことが続けられているということは、とてもありがたいことだ。すごくラッキーだよね。僕は音楽が大好きだし、それを仕事としてやり続けていけることはとても嬉しいことだね。本当に楽しいとしか言いようがない。この先20年も同じように活動していけることを願っているよ。

──最近のアメリカのスカ・パンク・シーンとお勧めのバンドがいたら教えてください。

新しいバンドについてあまり知識がないんだ。REEL BIG FISH、THE AGGROLITES、THE SLACKERSのような今でもツアーをしている古いバンドのことしか知らない。でも新しいバンドが出てきているということは知っているけど、そのバンド達のことについては勉強不足なんだ。

──リリース後の予定を教えてください。

2014年にいくつかのフェスティバルには出演する予定だけど、長いツアーをする予定はないよ。

──オールタイム・フェイヴァリットなスカ・チューンを3曲あげるとすると、どの曲になるでしょう？

ええ！ 選べないよ。自分の子供で誰が一番好き？ って質問しているのと同じようなことだからね。僕は全部大好きだから。

──この本は、これからスカを盛り上げていくミュージシャンやDJ、そしてリスナーも多く読んでいます。そんな彼らに向かって一言お願いします。

僕はJIMMY CLIFF、ROLAND ALPHONSO、PRINCE BUSTERのようなスカのパイオニア、そしてBAD MANNERS、THE SPECIALS、MADNESSみたいな2トーン・バンド、それからOPERATION IVY、THE SUICIDE MACHINES、HEPCATのようなサード・ウェーブにわたるバンドまで全部愛している。そしてこの先もずっと、スカをサポートし続けるよ。

MIKE PARK

85年にMINOR THREATやTHE MINUTEMEN等に影響を受けたパンク・ロック・バンドPSYCHIATRIC DISORDERをスタート。バンドはすぐに解散したがここで培った音楽精神をそのままにしたことで、後に5枚のアルバムと14カ国へのツアーなどインディ音楽シーンで成功することなる。96年には自身のレーベルAsian Man Recordsを設立。自身のバンドTHE CHINKEESの他にSLAPSTICK、LESS THAN JAKE、MU330等をリリースし、スカ・パンク・シーンを築きあげて行った。スカ・パンクだけではなく、ALKALINE TRIO、THE SMOKING POPES、THE QUEERSなどのパンク・ロックやポップ・パンクもリリースして、現在もマイペースにレーベルを続けている。自身のバンド、THE BRUCE LEE BANDも今年10年振りにニュー・アルバムをリリースする。

asianmanrecords.com   mikeparkmusic.com

SKA BOOK

― 世界中の現在進行形スカ／ロックステディを一望できるガイドブック ―

初版発行	2014年2月28日
監修	宮内 健（ramblin'）
編集	佐藤 明（disk union）
デザイン	小倉 紘（GRAFFIC FACTOR）
印刷・製本	株式会社ディー・フリー
発行者	広畑雅彦
発行元	DU BOOKS
発売元	株式会社ディスクユニオン

〒102-0074　東京都千代田区九段南 3-9-14
編集　Tel: 03・3511・9970 / Fax: 03・3511・9938
営業　Tel: 03・3511・2722 / Fax: 03・3511・9941
URL: http://diskunion.net/dubooks/

ISBN 978-4-925064-63-7

Printed in Japan
©2014 disk union / Takeshi Miyauchi
万一、乱丁落丁の場合はお取り替えいたします。
定価はカバーに記してあります。
禁無断転載

RUDY STEP
OSAKA

1. 従来のSKAイベントとは一線を画す新感覚SKA PARTY！様々あるSKAを軸にLIVEやDJはもちろん、本場CLUB VJやフロアガールも登場！音、映像、雰囲気！SKAを知らない人でも踊らずにはいられない空間をお届けします！
2. 不定期開催（年2回程） 3. 特に決まってません。

MY PLAYLIST:
1. 「A Message To You Rudy」- THE SPECIALS
2. 「Into Action」- TIM ARMSTRONG
3. 「Trouble Taking Over」 THE NIGHTHAWKS
4. 「Tequila」- BOBBIE SAX
5. 「Kaktie」- ROBERTO JACKETTI & THE SCOOTERS

www.facebook.com/RudyStep

SKA BAR
OSAKA

1. SKA・ROCK STEADY・REGGAE・CALYPSOなどのカリブ海音楽やR&B・JAZZ・LATINなど、60年代前後の黒いルーツ音楽を中心にピックアップするDJ&LIVEイベント。2012年で12年目を迎えた。 2. 奇数月（1月を除く、3月・5月・7月・9月・11月）の第1日曜日に開催中。 3. CLUB STOMP / 大阪市東心斎橋1-13-32 宝ビルB1F

MY PLAYLIST:
1. 「Jericho」- SISTER ROSETTA THARPE
2. 「Katusha」- JOYA SHERRILL
3. 「No More Will I Wonder」- BIBBY & THE ASTRONAUTS
4. 「Blue Ska」- THE CAVALIERS
5. 「Keeping the Faith」- NAOMI

skabar.net

MUSICAL SHOT
OKAYAMA

1. 岡山は倉敷にて、レコード好き4人が集まり、濃いめにゆっくり活動中。
2. 毎月第4土曜日（お店の都合によりお休みあり）
3. shuby / 倉敷市稲荷3-1 谷口ビル1F

MY PLAYLIST:
1. 「Hot Sun」- THE SOUL BROTHERS
2. 「Love In Independence」- STRANGER & PATSY
3. 「Burke's Law」- PRINCE BUSTER
4. 「Sauvitt」- TOMMY McCOOK
5. 「Teacher Teacher」- BLUE BELLS & JAH BERRY

musicalshot.blog.fc2.com

routine weekender
OKAYAMA

1. ska, reggae, jazz, soul, rythm and blues, and all sounds for your step!! "ほぼ"定期的に開催されるDJイベント、または4人のDJ、あるいはその場に居合わせたダンス上手な女の子、そして口説き上手な紳士、つまりはそれらの総称。ジャマイカ音楽を中心に半世紀以上にわたる世界中の「理屈抜きでなんとなくノリのいいヤツ」が流れる会場で、今夜だけはハメをはずそうか。 2. 不定期（ほぼ隔月ベース） 3. cafe & bar Velvet / 岡山県岡山市北区野田屋町1-9-61F

MY PLAYLIST:
1. 「Piano Roll Blues」- BONNIE ALDEN
2. 「Habits」- THE WAILERS
3. 「Skinhead Runnin'」- Oi-SKALL MATES
4. 「Sujetate La Lengua」- EDDIE PALMIERI
※DJ4人が各1曲ずつ選びました。

www.facebook.com/routineweekender

POPLIFE
HIROSHIMA

1. ノーチャージのフリーロックDJパーティー。主宰のニシオがスカ担当。ライブイベントRADIO WAVEを並行開催しており、これまでにOi-SKALL MATES、THE SLACKRS, TGMXらが出演。 2. 奇数月第2土曜日 3. MONDO CAFE / 広島県福山市南本庄町1-9-21

MY PLAYLIST:
1. 「Cuba Libre」- THE DEKITS
2. 「Progress」- BACK DROP BOMB
3. 「Into Action」- TIM ARMSTRONG
4. 「恋は突然に」- Oi-SKALL MATES
5. 「Smile」- LILY ALLEN

poplifemusic.wix.com

Los Mixx
FUKUOKA

1. HOTなLATINを軸に、それぞれのバックボーンにあるREBEL MUSICを織り交ぜながらの灼熱の一夜！ 打楽器・鳴り物持ち込み熱烈歓迎！ viva la fiesta! viva la Los Mixx! 2. 不定期開催 3. 9Y street

MY PLAYLIST:
1. 「Fuego」- BOMBA ESTEREO
2. 「Loco & Motora」- LA TROBA KUNG-FU
3. 「Regular Slam」- ARI UP & VIC RUGGIERO
4. 「Transistor Cowboy」- PRINCE FATTY meets THE MUTANT HI-FI
5. 「Lluvia」- DJ NEGRO

SKANDAL!
AKITA

1. 1997年11月スタート。パンク / スカ / ロカビリーなど、本当に熱い音を秋田に残すべく定期的に開催。2000年にはスカ・メインの企画、「SKA APPLICATION」が派生。開催数は100回を超えるが、「地元バンドの為の企画」という初期衝動を忘れず活動を続けている。オーガナイザーはBillyken (The KING LION/HEAD SLIDER) 2. 不定期開催 3. LIVESPACE 四階 秋田県秋田市大町3-2-1-4F / CLUB SWINDLE 秋田市大町2丁目2-3-B1F etc...

MY PLAYLIST:
1. 「Todas Las Noches」- LOS SKARNALES
2. 「Vals Pa Vinkelgrand」- MOVITS! 2004
3. 「Cartao Postal」- THE SOUL JAZZ ORCHESTRA
4. 「C'est Plus Beau」- CHE SUDAKA
5. 「Balistica」- DUB KILLER COMBO

www.rapbrains.net

SPECIAL INTERVIEW
N° 14

MIKE PARK

80年後半からSKANKIN' PICKLE、THE CHINKEES、
THE BRUCE LEE BANDでのバンド活動と共に
自身のレーベル（Asian Man Records）で
世界中に多大な影響を与えてきたMIKE PARK。
昨年は久しぶりとなる長期に渡ってのツアーを始め、
今年はついにTHE BRUCE LEE BANDで
10年ぶりとなるアルバムをリリース！

Interview & Text by SKA IN THE WORLD

THE BRUCE LEE BAND New Album、
2014年3月、SKA IN THE WORLDより発売予定！